Update 2017:

Die verfallene
Option in der
Abgeltungsteuer

Update 2017:

Die verfallene Option in der Abgeltungsteuer

Begutachtung der Urteile des BFH
vom 12.1.2016 – IX R 48/14 und
vom 26.9.2012 – IX R 50/09 am
Vorabend der Revisionsentscheidung VIII R 40/15

Oder: Vom Widersinn der Einsicht des
BFH vom 12.1.2016 – IX R 48/14

Von

Michael Stein

Bibliografische Information der Deutschen Bibliothek

Die Deutsche Bibliothek verzeichnet diese Publikation
in der Deutschen Nationalbibliografie;
detaillierte bibliografische Daten sind im Internet
über <http://dnb.ddb.de> abrufbar.

ISBN 978-3-743-15197-0

Das Werk einschließlich aller seiner Teile ist urheberrechtlich geschützt.
Jede Verwertung außerhalb der engen Grenzen des Urheberrechtsgesetzes
ist ohne Zustimmung des Verfassers unzulässig und strafbar.
Dies gilt insbesondere für Vervielfältigungen, Übersetzungen, Mikroverfilmungen
und die Einspeicherung und Verarbeitung in elektronischen Systemen.
Dieses Werk wurde mit äußerster Sorgfalt bearbeitet.
Der Verfasser kann für den Inhalt jedoch keine Gewähr übernehmen.

© 2017 Michael Stein, Jena
Rechtsstand: Februar 2017

Schriftsatz: Michael Stein, Jena
erstellt mit Microsoft® Word® 2000 auf Microsoft® Windows® XP SP3
gesetzt mit Microsoft® Word® 2000 auf Microsoft® Windows® XP SP3
Umschlag: Michael Stein, Jena
gestaltet auf einer Vorlage der Books on Demand GmbH, Norderstedt
Herstellung und Verlag: BoD - Books on Demand, Norderstedt
Printed in Germany

Das Papier erfüllt die Frankfurter Forderungen der Deutschen Bibliothek
und der Gesellschaft für das Buch bezüglich der Alterungsbeständigkeit
und entspricht sowohl den strengen Bestimmungen der US Norm Ansi/Niso
Z.39.48-1992 als auch der ISO-Norm 9706.

MIX
Papier aus verantwortungsvollen Quellen
Paper from responsible sources
FSC® C105338

Abkürzungsverzeichnis

11/06	Urteil des *S9* v. 19.12.2007, IX R 11/06, BStBl II 2008, 519
69/07	Urteil des *S9* v. 9.10.2008, IX R 69/07, BFH/NV 2009, 152
20/14	Urteil des *S9* v. 10.11.2015, IX R 20/14, BStBl II 2016, 159
48/14	Urteil des *S9* v. 12.1.2016, IX R 48/14, BStBl II 2016, 456
49/14	Urteil des *S9* v. 12.1.2016, IX R 49/14, BStBl II 2016, 459
50/14	Urteil des *S9* v. 12.1.2016, IX R 50/14, BStBl II 2016, 462
154/10	Beschl. des *S9* v. 24.4.2012, IX B 154/10, BStBl II 2012, 454
50/09	Urteil des *S9* v. 26.9.2012, IX R 50/09, BStBl II 2013, 231
VIII R 55/13	Urteil des *S8* v. 20.10.2016, VIII R 55/13, DStR 2017, 250
Alt-Norm	§ 23 Abs. 1 Satz 1 Nr. 4 Hs. 1 EStG a.F.
Alt-Norm-Urteile	11/06 und 69/07
BMF	Bundesministerium der Finanzen
FinA	Finanzausschuss des deutschen Bundestages
FinVerw	Finanzverwaltung
G	Gesetzgeber
Hs.	Halbsatz
geltende Norm	§ 20 Abs. 2 Satz 1 Nr. 3 Buchstabe a EStG
OK	Optionskäufer / Optionsinhaber / Optionsnehmer
PM	Pressemitteilung
SH	Stillhalter / Optionsgeber
Rz	**Randziffer** = Randziffer des Abdrucks von **48/14** in BStBl II 2016, 456 bis 459

S9   IX. Senat des BFH

S8   VIII. Senat des BFH

UntStRefG2008:   Unternehmensteuerreformgesetz 2008 v. 14.8.2007, BGBl. I 2007, 1912

ZKA: Zentraler Kreditausschuss:
Der Zentrale Kreditausschuss war bis 2011 die Bezeichnung der gemeinsamen Interessenvertretung der kreditwirtschaftlichen Spitzenverbände in Deutschland.
Seither wirkt diese Interessenvertretung unter dem Namen „Die Deutsche Kreditwirtschaft"

Inhaltsverzeichnis

Vorbemerkung *(11)*

1. Entscheid zu geltendem Recht: 48/14 *(13)*
1.1 Ungewöhnlich: Nachträgliche Verschiebung der Zuständigkeit von *S8* auf *S9* *(13)*
1.2 Die Gründe von 48/14 *(14)*
1.3 Kritik zu 48/14 *(15)*
1.3.1 Wegfall der Jahresfrist / Haltefrist: Keine Änderung des Normzwecks *(15)*
1.3.2 Aufgabe der Trennungstheorie: Einheitsbetrachtung ohne Rechtfertigung *(18)*
1.3.2.1 Fehlerhafte Bezugnahmen *(18)*
1.3.2.2 Weitere Wertungswidersprüche *(19)*
1.3.2.3 Allenfalls mögliche Argumentation für eine Einheitsbetrachtung *(21)*
1.3.2.4 Resümee: Nicht begründete Aufgabe der Trennungstheorie *(22)*
1.3.3 Telos der *geltenden Norm* *(22)*
1.3.4 Rechtspolitischer Wille des *G* *(23)*
1.3.5 Fehldeutung von Leistungsfähigkeit und Folgerichtigkeit *(25)*
1.3.6 Generelle Substanzbesteuerung? *(26)*
1.3.7 Andere Auffassung des BMF *(27)*
1.3.8 Verlustnutzung: Keine Frage der Auslegung *(33)*
1.3.9 Zwischenbefund *(35)*

2. Abstützung von 48/14 auf *Alt-Norm-Urteil* 50/09 *(37)*
2.1 Der Auslegungswandel: 50/09 *(38)*
2.2 50/09 am Maßstab des Gesetzeswortlautes *(39)*
2.3 50/09 im Kontext mit *Alt-Norm-Urteilen* *(40)*
2.3.1 Zum Auslegungswandel *(40)*
2.3.1.1 Aspekt der Gleichbehandlung *(41)*

2.3.1.2	Im Fokus von *Alt-Norm* und *geltender Norm*: Barausgleich oder sonstiger Vorteil *(41)*	
2.3.1.3	Optionswahlrecht: Kein „*Vorteil*" *(42)*	
2.3.1.4	Aspekt der Leistungsfähigkeit und der vom Gesetz erwartete Vorteil *(42)*	
2.3.1.5	Falsche Fallgruppe: Unbehilfliche Berufung auf *SH*-Urteile *(43)*	
2.3.2	Grundsatz der Rechtskontinuität *(44)*	
2.3.2.1	Das „vergessene" Gebot der Rechtskontinuität *(44)*	
2.3.2.2	An den Grenzen der Rechtsfortbildung *(44)*	
2.4	50/09 als verfassungskonforme Auslegung? *(52)*	
2.5	50/09 als teleologische Auslegung? *(52)*	
2.6	Kontrolle: 154/10 *(53)*	
2.7	Exkurs – Blick zu den Knock-out-Produkten (20/14) *(54)*	
2.7.1	Wertungswidersprüche zur eigenen Rechtsprechung des *S9* und Verkennung der Gegebenheiten am Markt *(54)*	
2.7.2	Nicht sachgerecht: Ungleichbehandlung von Optionen und Knock-out-Produkten *(56)*	
2.7.3	Weitere Wertungswidersprüche in 20/14 *(57)*	
3.	**Andeutung von 48/14: Generelle Substanzbesteuerung?** *(61)*	
3.1	Tatbestand und Nettoprinzip *(61)*	
3.2	Punktuelle Besteuerung statt „Finanzvermögen" *(62)*	
3.2.1	Keine Trennung von Vermögensebene und Ertragsebene? *(62)*	
3.2.2	In der Schedule: Nur punktuell umschriebene Tatbestände *(62)*	
3.2.3	Dualismus der Einkunftsarten bei Ausweitung der Substanzerfassung *(63)*	
3.2.4	Gesetzesbegründung:	Allgemeine Begründung zu § 20 Abs. 2 EStG *(63)*
3.2.5	Gesetzesbegründung:	Spezielle Begründung zu § 20 Abs. 2 Satz 2 EStG *(64)*
3.2.6	Fazit: Grundsätzlich Gewinnfallbesteuerung mit Ausnahmen bei rechtsgeschäftlich realisierten Wertverlusten *(64)*	

3.3	Subjektiver Tatbestand? *(64)*	
3.4	Systematische Erwägungen *(65)*	

4. Ergänzende Untersuchung zu 50/09 und 48/14 *(67)*

4.1	Historische und systematische Auslegung *(67)*	
4.1.1	Rechtspolitischer Wille: Die Wahrung des Status Quo (zu 48/14) *(67)*	
4.1.2	Vergleich mit einem Direktanleger (zu 48/14 und 50/09) *(67)*	
4.1.3	Systematische Erwägungen (zu 48/14) *(68)*	
4.2	Vergebliche Aufwendungen (zu 50/09) *(68)*	

5. Exkurs – Blick zum Barausgleich des *SH* im geltenden Recht *(73)*

5.1	Auffassung des BMF (in 2007) und des FG Hamburg (in 2006) *(73)*
5.2	Andere Auffassung des ZKA während des Gesetzgebungsverfahrens (in 2007) *(73)*
5.3	Ebenso andere Auffassung des *S8* (in 2016) und des FG Niedersachsen (in 2013) *(75)*
5.4	Kritische Bewertung von VIII R 55/13 *(75)*
5.4.1	Zustimmung zu *S8*: Barausgleich nicht von § 20 Abs. 1 Nr. 11 EStG erfasst *(75)*
5.4.2	Kritik I zu *S8*: *Geltende Norm* erfasse den vom *SH* geleisteten Barausgleich *(76)*
5.4.3	Kritik II zu *S8*: *Alt-Norm* erfasse den vom *SH* geleisteten Barausgleich *(78)*
5.4.4	Kritische Gesamtauswertung; insbesondere: *S8* zur *geltenden Norm* *(80)*

Resümee und Ausblick nach 48/14 *(85)*

Vorbemerkung

Zwei Jahre sind seit der Untersuchung des *Verfassers* im Februar 2015[1] zu 50/09 (zur *Alt-Norm*) vergangen. Heuer (Februar 2017) war die Fortschreibung des Rechts (48/14[2] bis 50/14) zur *geltenden Norm* zu begutachten. Das vorliegende „Update 2017" knüpft an die Arbeit zu 50/09[3] an, bezieht sich also erneut auf im Privatvermögen gehaltene Optionen.

Nach der *geltenden Norm* gehört zu den Einkünften aus Kapitalvermögen auch der Gewinn bei Termingeschäften, durch die der Steuerpflichtige einen Differenzausgleich oder einen durch den Wert einer veränderlichen Bezugsgröße bestimmten Geldbetrag oder Vorteil erlangt. Damit will G solche Tatbestände bei Termingeschäften[4] steuerlich erfassen, die keine dingliche Lieferung des Basiswertes zum Inhalt haben, sondern in anderer Form gestaltet sind.

Diese neuerliche Betrachtung geht noch einmal der Frage nach, ob Aufwendungen für den Erwerb eines Optionsscheines unter dem Abgeltungsteuerregime zu negativen Einkünften aus Kapitalvermögen führen, wenn der OK die Option bei Fristablauf verfallen lässt, weil sie *„aus dem Geld gelaufen ist"*. S9 hat diese Frage in 48 bis 50/14 unter Berufung auf 50/09 (Ziff. 2.) bejaht.

Es gibt indessen Anlass, die Argumentationsführung dieser Urteile kritisch zu hinterfragen. Damit ist jenen Literaten, welche die Entscheidung des für die Kapitaleinkünfte zuständigen S8 in der Revisionssache **VIII R 40/15** abwarten möchten[5], das Wort zu reden. Der tiefere Grund: Keine dieser drei nahezu begründungsgleichen Entscheidungen (48 bis 50/14) des S9 hält einer an den gängigen Auslegungsregeln orientierten Nachprüfung stand.

Zu Beginn der Ausführungen bilden wir zunächst einen *Fall*, den wir zum Ende hin auflösen werden[6]:

> *Fall*: Herr *Stein* entnimmt seiner Geldbörse einen 20-Euro-Schein um diesen – so besinnt er sich – doch nicht aus dem Fenster zu werfen. *Stein* führt die 20-Euro-Note (also) zurück in sein Portmariechen.
>
> *Frage*: Hat *Stein* durch sein (besonnenes) Verhalten einen Vorteil erlangt, indem er den Verlust von Barvermögen vereitelte?
>
> *Anders gefragt*: Hat *Stein* einen Gewinn in Gestalt eines verhinderten Nachteiles erlangt?

---

[1] *Stein*, Die verfallene Option in der Abgeltungsteuer — Eine Erwägung am Vorabend der Revisionsentscheidung IX R 49/14 (Norderstedt, Februar 2015, ISBN 978-3-734-76822-4).
[2] Anwendung: BMF v. 16.6.2016, BStBl I 2016, 527; *Verfasser* hierzu: gleichsam „vorläufig" bis zur Entscheidung über die Revision **VIII R 40/15**.
[3] *Stein*, Die verfallene Option in der Abgeltungsteuer — Eine Erwägung am Vorabend der Revisionsentscheidung IX R 49/14 (Norderstedt, Februar 2015, ISBN 978-3-734-76822-4).
[4] Instruktiv zum Begriff des „Termingeschäfts" BFH v. 12.5.2015, VIII R 4/15, BStBl II 2015, 835; s. a. BFH v. 6.7.2016, I R 25/14, BFHE 254, 326 (Rn. 32 f.).
[5] *Anemüller/Lohkamp*, ErbStB 2016, 121, 128; *Moritz*, DB 2016, 923, 924 re. Sp.
[6] Auflösung auf Seite: 93.

1. Entscheid zu geltendem Recht: BFH 48/14

1.1 Ungewöhnlich: Nachträgliche Verschiebung der Zuständigkeit von *S8* auf *S9*

Die drei im Jahre 2014 beim BFH eingelaufenen Sachen zu § 20 Abs. 2 EStG wurden dem für die Kapitaleinkünfte zuständigen *S8* treffend zugeordnet und dort registriert (VIII R: 17/14, 31/14 und 45/14), wobei sich *S8* die dritte Sache 45/14 vermittels Zulassung der von der unterlegenen FinVerw erbetenen Revision im Herbst 2014 selbst „an Land gezogen" hatte[7], was als erster Hinweis darauf gelten konnte, dass *S8* die Erkenntnis der klagestattgebenden Vorinstanz möglicherweise nicht teilte[8].

Auch deshalb ist es von besonderem Interesse, wie der originär und für die ab 2015 einlaufenden Sachen (wieder) zuständige *S8* die bei ihm im Februar 2016 eingelaufene Revision **VIII R 40/15**[9] zum Optionsverfall beurteilen wird[10]. Weshalb der für die *geltende Norm* eigentlich unzuständige *S9* mit den hier zu besprechenden Sachen 48 bis 50/15 „dazwischenfunkte" ist rasch aufgeklärt: Anfang Januar 2015 hatte *S9* drei neue Aktenzeichen (48 bis 50/14) infolge Zuständigkeitsübernahme vergeben. Der übernehmende *S9* ist gesetzlicher Richter, weil die reaktive Zuständigkeitsverschiebung zum Jahreswechsel 2014/2015 erfolgte[11]. Allerdings verbleibt, weil *S9* mit 48/14 (a) nicht methodisch vorgeht und (b) die Historie nicht näher prüfte (zu alledem: unten) auch hinsichtlich dieser nachträglichen Zuständigkeitsverschiebung ein Störgefühl dahingehend, dass *S9* hier womöglich Rechtspolitik[12] zu betreiben gedachte.

Sollte dies zutreffen, könnte das Ergebnis von 48 bis 50/14 bereits zum Zeitpunkt der nachträglichen Zuständigkeitsverschiebung auf *S9* „vorgedacht" gewesen sein. Jedenfalls lässt sich nicht nachprüfen, weshalb das Präsidium des BFH den *S8* retrospektiv von den (dort so bereits eingetragenen) Sachen 17/14, 31/14 und 45/14 abgezogen und diese Sachen nachträglich dem *S9* zur Entscheidung zugeordnet hatte.

In der Literatur[13] wird dazu vorgebracht, bei der nachträglichen Übertragung dieser Fälle auf *S9* durch das Präsidium des BFH habe es sich um *„Entlastungsmaßnahmen zugunsten des VIII. Senats"* gehandelt. Indessen wird nicht einsichtig, wie die Entlastung begründet wäre, denn bereits zum Jahreswechsel 2014/2015 (Zeitpunkt der nachträglichen Zuständigkeitsverschiebung von *S8* auf *S9*) konnte das Präsidium des BFH absehen, dass, gleich wie *S9* über 48 bis 50/14 entscheiden würde, *S8* später ohnehin mit dieser Rechtsfrage befasst wäre (so genannte sachliche Streitfortsetzung für geltendes Recht). Mit der Begründung dieser temporären Doppelzuständigkeit hat das Präsidium des BFH nur eine „weitere Instanz" geschaffen, denn der für geltendes Recht unzuständige *S9* wurde auf diese Weise zum Vorderrichter des *S8*. *S8* war

---

7 BFH v. 2.9.2014, VIII B 39/14.
8 *Stein*, Die verfallene Option in der Abgeltungsteuer — Vom Widersinn der Einsicht des BFH vom 26.9.2012 – IX R 50/09 (Norderstedt, Februar 2015, ISBN 978-3-734-76822-4), 58 f. (dort Fn. 232), 102 (dort Fn. 451).
9 Vorinstanz: Niedersächsisches FG v. 28.10.2015, 3 K 420/14, EFG 2016, 190 (Rev.: VIII R 40/15).
10 Vgl. bereits: *Stein* (Fn. 8), 114 und 115.
11 *Stein* (Fn. 8), 95 ff.
12 Vgl. *Ratschow*, BFH/PR 2016, 140.
13 *Ratschow*, BFH/PR 2016, 140, 140 [Ziff. 2.b)].

und ist sonach nicht entlastet[14] wie indessen der BFH insgesamt zusätzlich belastet ist: Durch die nachträgliche „Zwischenschaltung" des *S9* sind / waren nämlich zwei Spruchkörper (*S8 u n d S9*) mit demselben Rechtsproblem befasst. Zur nachhaltigen Kritik der *Verfassers* an der Methodik des *S9* nunmehr im Einzelnen:

1.2   Die Gründe von 48/14

S9 ist in 48 bis 50/14 zur Einsicht gelangt, die Prämien verfallener Optionen mindern die Kapitaleinkünfte der jeweiligen Kläger gemäß § 20 Abs. 4 Satz 5 EStG. Die Kläger hatten Vermögenseinbußen aus dem vollständigen Wertverfall von Indexoptionen auf den DAX (49/14), von Allianz-Kaufoptionen wie Commerzbank-Kaufoptionen (50/14) sowie von anderen Aktienkaufoptionen (48/14) erlitten.

Die beklagten Finanzämter werteten diese Einbußen weisungsgemäß als steuerlich irrelevant, weil die Kläger weder einen Barausgleich (Differenzausgleich) erlangt haben noch eine Veräußerung erfolgt sei. Die drei Vorinstanzen sahen dies jeweils unter Berufung auf die rechtsprechungsändernde Entscheidung 50/09 anders und *S9* hat dies in 48 bis 50/14 ebenso vermittels Berufung auf 50/09 bestätigt: Ein der Besteuerung unterworfener Vorteil (Nachteil) bei Termingeschäften werde auch dann erlangt, wenn eine mit Gewinnabsicht erworbene Option mit deren Fristablauf wertlos verfällt[15]: Mit dem Erwerb des (jeweiligen) Optionsscheins hätten die Kläger ein *„Terminge-schäft"* im Sinne der *geltenden Norm* begründet und das Verfallenlassen des Optionsscheines gelte – auch ohne das Erlangen eines Differenzausgleichs (Barausgleichs) – als steuerpflichtiger *„Beendigungstatbestand"* im Sinne dieser Norm.

Die drei Entscheidungen 48 bis 50/14 sind zwar mit derselben Begründung versehen. Weil indes die Sachen in den Leitsätzen 49 und 50/14 mit *„inhaltsgleich"* auf die Sache 48/14 hinweisen, soll sich die hiesige Urteilsanalyse (unten Ziff. 1.3) auf 48/14 beschränken. Bündig berichtet baut sich der Kern der „48/15-Begründung" so auf: Die *geltende Norm* mit ihrem Wortlaut

„Differenzausgleich oder einen durch den Wert einer veränderlichen Bezugsgröße bestimmten Geldbetrag oder Vorteil"

beschreibe die Art der Termingeschäfte. Unerheblich sei, ob das Basisgeschäft durchgeführt werde oder ein Differenzausgleich erfolge. An beides knüpfe die *geltende Norm* (zit.) *„nicht mehr"* binnen normativer Veräußerungsfrist an, wie sie auch (zit.) *„nicht mehr"* fordere, Gewinne müssten durch die Beendigung des Rechts erlangt werden (**Rz 15**). Mit dem Wegfall der Veräußerungsfrist wolle *G* alle Vor- und Nachteile des Termingeschäftes erfassen (**Rz 16**), wobei die Anschaffung der Option und der Ausgang des Geschäfts als Einheit zu sehen seien[16] (**Rz 17**) und die *geltende Norm* (zit.) *„nicht mehr"* zwischen Eröffnungs- und Basisgeschäft unterscheide (**Rz 16**).

---

14   ... muss er sich doch – gleichsam zusätzlich – mit den Erwägungen seiner Kollegen aus dem IX. Senat befassen, diesen förmlich befragen, falls er abweichen will und – nach weiterem Bedenken – ggf. den Großen Senat des BFH anrufen.
15   Zustimmend: *Heuermann*, StBp 2016, 151, 154: „Vorteil" umfasst auch den Nachteil, wie der Gewinn auch den Verlust umfasst.
16   Für solch eine Einheitsbetrachtung schon vor dem Ergehen von 48/14: *Jachmann-Michel*, HFR 2016, 144; *Wüllenkemper*, EFG 2016, 566, 568.

Wer ein Recht auf Barausgleich erwerbe, erlange einen Vorteil aus einem Termingeschäft, das bereits bei Gewinnabsicht des *OK* steuerbar sei. Ein Vorteil im Normsinne (*geltende Norm*) werde auch erlangt, wenn die erworbene Option wertlos verfalle, weil die *geltende Norm* auch eine negative Differenz als Verlust erfasse (**Rz 18**) und ein anderer Wille des *G* aus dessen Materialien nicht zu ersehen sei (**Rz 19**). Dem entspreche auch das Leistungsfähigkeits- und Folgerichtigkeitsgebot: Wollte *G* mit Einführung der Abgeltungsteuer alle Wertzuwächse bei Termingeschäften der Besteuerung unterwerfen[17], sei die Leistungsfähigkeit des *OK* in jedem Falle um die aufgewandten Optionsprämien gemindert, gleichviel ob die Option wertlos verfalle oder ausgeübt werde (**Rz 20**). Die Prämie der wertlos verfallenen Option sei folglich gemäß § 20 Abs. 4 Satz 5 EStG zum Abzug zu bringen (**Rz 21, 22**).

1.3   Kritik zu 48/14

Die mit wenigen Sätze aufgebaute Argumentationskette der Erkenntnis 48/14 ist brüchig und vergleichsweise zügig zu widerlegen: *S9* beschäftigt sich zunächst mit dem auch nötigen Normvergleich: Die bis 2008 geltende *Alt-Norm* ist mit dem Regelungsinhalt der *geltenden Norm* abzugleichen (Synopse). Diese Gegenüberstellung verführt (weil *S9* sie gedanklich „unsauber" vornimmt[18]) den *S9* zusammen mit weiteren Erwägungen zu der Erkenntnis, es sei eine maßgebliche Rechtsänderung eingetreten. Schon diese Erwägung de *S9* ist schwerlich nachzuvollziehen. Denn eine geänderte Gesetzeslage vermittels einer sachlichen Änderung des Tatbestandes (vermeintlich neuer Normzweck) ist nicht ersichtlich, wie sich leicht zeigen lässt:

1.3.1   Wegfall der Jahresfrist / Haltefrist: Keine Änderung des Normzwecks

Der Hinweis des *S9*, es sei nicht mehr zwischen Eröffnungs- und Basisgeschäft zu unterscheiden (**Rz 16, 17**) begründet die auf eine vorgeblich geänderte Gesetzeslage gestützte Erkenntnis des *S9* (Prämie der verfallenen Option sei beim *OK* als Verlust im Rahmen der *geltenden Norm* zu berücksichtigen) bereits deshalb nicht, weil bei der Ersetzung der *Alt-Norm* durch die *geltende Norm* der Hs. 2 der *Alt-Norm* allein deshalb entfiel, um die für 23 EStG a.F. typische Beschränkung des Zeitraumes zwischen Erwerb und Beendigung zu beseitigen.

Ausweislich des Hs. 2 der *Alt-Norm* musste das erworbene Recht innerhalb eines Jahres beendet sein. Dass die *geltende Norm* den Begriff „*Beendigung*" nicht mehr enthält, liegt schlicht daran, dass die „Spekulationsfrist" (gleichsam Haltefrist) im Rahmen der *geltenden Norm* nicht mehr gilt[19], was wohl auch *S9* sieht, denn *S9* trägt vor, der Zeitbezug sei weggefallen (**Rz 16**, zweiter Satz, Hs. 1). Eine Praktische Bedeutung hatte der Fristwegfall ohnedies nicht, weil bei den Termingeschäften deren Abwicklung in kurzer Zeit charakteristisch ist, weshalb die folgende Einspielung des *S9*, ein vormals gestreckter Tatbestand stelle heute nur noch auf das wirtschaftliche Ergebnis des Geschäftes ab (**Rz 16**, zweiter Satz, Hs. 2), unverständlich bleibt: Wegen der an-

---

17 Zuletzt etwa: FG Köln v. 26.10.2016, 7 K 3387/13 (RdNr. 66), Rev.: VIII R 1/17; FG Hamburg v. 30.8.2016, 2 K 84/16 (RdNr. 36 f.).
18 Also nicht zwischen den verschiedenen Regelungsinhalte der *Alt-Norm* Hs. 1 und 2 differenziert, dazu weiter unten.
19 *Dahm/Hamacher*, DStR 2014, 455, 459, li. Sp.

sonsten bestehenden Wortlautidentität von *geltender Norm* und *Alt-Norm*(Hs. 1) vermochte der Wegfall der Jahresfrist (Haltefrist) der *geltenden Norm* keinen neuen Normzweck verleihen. Ohne diese Norm zu benennen, setzt *S9* (siehe insbesondere: **Rz 15**) seine Auslegung trotzdem am Hs. 2 der *Alt-Norm* an und zwar ähnlich, wie es einst *Philipowski*[20] vorgeschlagen hatte.

Man mag *Philipowski* darin zustimmen, dass der *Alt-Norm*-Hs. 2 von einem bedingten Recht sprach, Hs. 2 also nicht verlangte, dass der *OK* aus dem Geschäft tatsächlich etwas bekommen haben muss. Wenn die *Alt-Norm* also meinte, Erwerb und Beendigung eines bedingten Rechts mussten binnen Jahresfrist erfolgen, war damit (im Wortlaut des Hs. 2 bleibend) auch der Wertlosverfall zum vertraglich fixierten Fristablauf mit einbezogen. Bei der Auslegung der Norm ist jedoch ihr gesamter Wortlaut heranzuziehen und die *Alt-Norm* war (nun einmal) zweistufig beschaffen: Deren Hs. 2 prüfte allein den Zeitbezug (die Jahresfrist) und der Hs. 1 verlangte, dass der *OK* einen Differenzausgleich (gleichsam einen Barausgleich), Geld oder einen Vorteil „*erlangt*". Mithin allein der *Alt-Norm*-Hs. 1 regelte das besteuerungsauslösende Moment[21] in sachlicher Hinsicht und stand – wie *S9*[22] einst auch deutlich notierte – gerade nicht im Widerstreit zum *Alt-Norm*-Hs. 2 (wie es *Philipowski*[23] aber vorträgt). Wenn *S9* in 48/14 also voransetzt, die *geltende Norm* verlange

„*nicht mehr, dass die entsprechenden Gewinne aus Termingeschäften die (bzw. bei der) „Beendigung des Rechts" erzielt werden*" (**Rz 15**),

übersieht *S9*, dass dies der (von *S9* nur mittelbar in Bezug genommene) *Alt-Norm*-Hs. 2 schon nicht verlangte, weil dieser etwas anderes, nämlich den Zeitbezug regelte. *S9* setzt seine unsaubere Technik aber sogleich fort, denn ein Weiteres stellt *S9* nicht zutreffend dar: Die Erkenntnisse seiner der beiden *Alt-Norm*-Urteile (11/06 und 69/07) beruhten nicht (wie *S9* suggerieren möchte[24]) auf einer maßgeblichen Hervorhebung der „*Beendigung des Rechts*", sondern auf dem Umstand, dass die beiden dortigen Kläger keinen Differenzausgleich (Barausgleich) erlangt hatten.

Für das von *S9* erkannte Erfordernis des tatsächlichen Erlangens eines Barausgleichs hat *S9* in 11/06 auf den Hs. 1 der *Alt-Norm* verwiesen, jenen Wortlaut, den die *geltende Norm* 1:1 übernommen hat und die *S9* in 11/06 als so eindeutig bezeichnet hat, dass die von Literatur und Vorinstanz vorgebrachten Bedenken zu Leistungsfähigkeit und System des EStG – so *S9* in 11/06 ausdrücklich – zurücktreten mussten[25]. Überhaupt verkennt *S9* in 48/14 den Normzweck der *Alt-Norm*, wenn *S9* vorträgt, die *geltende Norm* verlange – anders als die *Alt-Norm* – nicht mehr, dass die

---

[20] *Philipowski*, DStR 2004, 978, 979 (unter 5.2); ebenso später an den *Alt-Norm*-Hs. 2 anknüpfend: *Reislhuber/Bacmeister*, DStR 2010, 684, 685; *Helios/Philipp*, BB 2010, 95, 97.
[21] A. A. – sich im Ergebnis isoliert auf den *Alt-Norm*-Hs. 2 beziehend – **Rz 15**: „*das besteuerungsauslösende Moment nicht mehr ... die Durchführung des Basisgeschäfts oder des Differenzausgleichs (als „Beendigung des Rechts")*".
[22] 11/06: kein Widerspruch der beiden Hs. zueinander.
[23] *Philipowski*, DStR 2004, 978, 980.
[24] **Rz 15**: „*Gewinne aus Termingeschäften die (bzw. bei der) „Beendigung des Rechts" erzielt werden (vgl. zu alten Rechtslage BFH v. ...*".
[25] 11/06: „*eindeutiger Wortlaut*" und „*Für eine andere Auslegung der Vorschrift unter Hinweis auf das System des EStG oder den Grundsatz der Besteuerung nach der Leistungsfähigkeit besteht angesichts ihres eindeutigen Wortlauts kein Raum*".

"Gewinne aus Termingeschäften durch die Beendigung des Rechts erzielt werden" (**Rz. 15** Satz 3).

Eine Bestätigung dieser Aussage lässt sich beiden Normen (der *Alt-Norm* wie der *geltenden Norm*) nicht entnehmen. Ausweislich der *Alt-Norm* unterlagen der Besteuerung *"Termingeschäfte, durch die der Steuerpflichtige einen Differenzausgleich oder einen durch den Wert einer veränderlichen Bezugsgröße bestimmten Geldbetrag oder Vorteil erlangt, sofern der Zeitraum zwischen Erwerb und Beendigung des Rechts auf einen Differenzausgleich, Geldbetrag oder Vorteil nicht mehr als ein Jahr beträgt"*.

Daher war schon nach der *Alt-Norm* nicht Voraussetzung für die Besteuerung, dass der Gewinn *durch* die Beendigung des Rechts erlangt werden musste. Hierzu hatte es auch keiner konkreten normativen Regelung bedurft, weil bei Termingeschäften der – abschließende – Gewinn regelmäßig erst bei Beendigung des Rechts entsteht. In der Begründung des Gesetzentwurfes zum UntStRefG 2008 ist zudem ausgeführt[26], dass

"Wertzuwächse unabhängig vom Zeitpunkt der Beendigung"

– und nicht unabhängig von der Beendigung des Rechts (so aber i. Erg. *S9* in **Rz. 15**) – steuerbar sind. Damit wollte *G* unter dem Abgeltungsteuerregime auch im Bereich der Termingeschäfte das nachvollziehen, was *G* bei der Besteuerung der Veräußerungsgeschäfte mit Wertpapieren gleichfalls bestimmt hatte, nämlich unter grundsätzlicher Wahrung des Status Quo lediglich den Wegfall der Haltefrist anzuordnen. Somit lässt sich – entgegen der Auffassung des *S9* – festhalten, das der Wortlaut beider Vorschriften (*Alt-Norm* und *geltende Norm*) keine unterschiedliche Regelung bezüglich der Beendigung des Rechts beinhaltet. Aus diesem Grund ist die nächste Weiterung des *S9* (**Rz. 15, Satz 4**) nicht tragfähig, wonach

"das besteuerungsauslösende Moment nicht mehr ... die Durchführung des Basisgeschäfts oder des Differenzausgleichs (als "Beendigung des Rechts") ... ist; ..."

Damit bleibt unverständlich, wie *S9* infolge des bloßen Wegfalls des *Alt-Norm*-Hs. 2 ein verändertes Normziel erkennen konnte: Noch treffend stellt *S9* fest, die *geltende Norm* habe gegenüber der *Alt-Norm* (durch Weglassen) eine Wortlautänderung erfahren hat und noch richtig stellt *S9* auch fest, der Zeitbezug sei weggefallen (**Rz 16**, zweiter Satz, Hs. 1). Indessen zieht *S9* daraus Konsequenzen, die mit Blick auf 11/06 und 69/07 einem Auslegungswandel des *S9* gleichkommen:

Dass *S9* darauf verzichtet, die Zusammenhänge der beiden *Alt-Norm*-Hs. aufzuzeigen, ist noch damit zu erklären, dass *S9* dies bereits in 11/06 treffend entfaltet hatte. Weil *S9* mit 48/14 indes eine Änderung der normativen Rechtslage beschreibt um sich zugleich von seinen *Alt-Norm-Urteilen* diskret[27] zu distanzieren[28] hätte *S9* bei gründlicher Aufarbeitung der Gesetzgebungshistorie samt Normwortlautabgleich (Synopse) auffallen müssen, dass bei ansonsten unverändertem Wortlaut (gleiche Rechtslage) allein die – bei den stets kurzfristig angelegten Termingeschäften ohnedies bedeutungslose – Jahresfrist (Haltefrist) entfallen ist.

---

26 BR-Drs. 220/07, S. 88.
27 **Rz 15**: *" (vgl. zu alten Rechtslage BFH v. ... ")*.
28 Was infolge der Wortlautidentität von *geltender Norm* und *Alt-Norm-Hs. 1* einem Auslegungswandel gleichkommt.

1.3.2 Aufgabe der Trennungstheorie: Einheitsbetrachtung ohne Rechtfertigung

Der Wegfall der zeitlichen Beschränkung ab dem Jahre 2009 gibt also keine Wegweisungen für die Beantwortung der Frage, ob der Optionsverfall steuerverstrickt ist, wie die Bearbeitung der schon oben angerissenen Frage nach einer (lt. *S9*: jetzt *„nicht mehr"*) möglichen Trennung zwischen Eröffnungs- und Basisgeschäft (**Rz 15**) den Rechtsstreit des *S9* (48/14) eigentlich nicht berührte:

1.3.2.1 Fehlerhafte Bezugnahmen

Für eine Bearbeitung der von *S9* aufgeworfenen Frage nach Trennungs- oder Einheitsbetrachtung gibt der in 48/14 zu Grunde liegende Sachverhalt keinen Anlass, denn diese Frage betrifft die Besteuerung des *SH*[29]. Sie berührt jedoch nicht die Besteuerung des *OK*, über die *S9* in 48/14 zu entscheiden hatte. Eine Berufung auf *SH*-Rechtsprechung ist unergiebig, weil *G* für dessen Einkünfte einen eigenen (ersichtlich anders formulierten) Tatbestand (§ 20 Abs. 1 Nr. 11 EStG) geschaffen hat, welcher keinen (unmittelbaren) Rückschluss auf die Auslegung der *geltenden Norm* zulässt. Nicht erklärlich ist also, wie *S9* seinen „Gedankensprung" (vom *OK* zum *SH* und zurück zum *OK*) rechtslogisch begründet, zumal *S9* ebenso nicht offen legt, das dieses Problem aus dem Bereich der *SH*-Besteuerung stammt: *S9* trägt lediglich vor (**Rz 17**, erster Satz), infolge geänderter Gesetzeslage[30] seien Eröffnungs- und Basisgeschäft als Einheit zu sehen (betrifft indes nur den *SH*: Ziff. 1.3.2), weshalb die Geschäfte des *OK* als Einheit zu sehen seien (**Rz 17**, zweiter Satz). Hierzu beruft sich *S9* (zwar) auf die Gesetzesbegründung zur Besteuerung des *SH*[31] (§ 20 Abs. 1 Nr. 11 EStG), welche dazu aber keine Aussage trifft, sondern besagt:

„Zukünftig werden alle Finanzinstrumente einheitlich im Rahmen des § 20 besteuert"[32],

womit *G* meinte, dass die bisherige Streuung von Tatbestandsmerkmalen auf mehrere Normen (etwa: §§ 22, 23 EStG a.F.) aufzulösen und unter einem Dach (§ 20 EStG) zu vereinen war. Zu der vom *S9* in 48/14 erkannten steuerlichen Einheitsbetrachtung (der zivilrechtlich eigenständigen Rechtsgeschäfte) haben die Erwägungen des *S9* jedoch keinen Bezug. Dies gilt erst recht für 11/06 und 69/07 (zur Besteuerung des *OK*), welche *S9* zitiert um mit seiner „neuen" Einheitsbetrachtung eine

„Abweichung von der früheren Rechtsprechung"

zu behaupten (**Rz 17**). 11/06 und 69/07 enthalten jedoch keinerlei Ausführungen zu Fragen von Trennung zwischen Eröffnungsgeschäft, Basisgeschäft und Gegengeschäft (Schuldaufhebungs- und Verrechnungsabrede) weil die Beschaffenheit der *Alt-Norm* (Hs. 1), die dem Wortlaut der *geltenden Norm* entspricht, keinen Anlass dazu gab. Insofern wird auch nicht erklärlich, weshalb diese vom *S9* hierzu zitierten *OK-Alt-*

---

29 Zur Notwendigkeit und den Gründen dieser Trennung bei Fragen zur *SH*-Besteuerung: BFH v. 10.2.2015, IX R 8/14, BFH/NV 2015, 830 unter II.1.a): *„... bilden das die Prämie auslösende Begeben einer Option und das nachfolgende Geschäft ... kein einheitliches Termingeschäft."*; BFH v. 12.7.2016, IX R 11/14, BFH/NV 2016, 1691, Rn. 27: *„Der BFH trennt zwischen Eröffnungs-, Basis und Gegengeschäft"* u.s.w.
30 Dies ist widerlegt: oben Ziff. 1.3.1: keine normative Rechtsänderung.
31 **Rz 17**, zweiter Satz, a. E: *„(vgl. hierzu auch die Gesetzesbegründung zu § 20 Abs. 1 Nr. 11 EStG zur künftigen Besteuerung von Stillhalterprämien, BTDrucks 16/4841, S. 54)"*.
32 BTDrucks 16/4841, 54, re. Sp. u.

Norm-Urteile als Anknüpfung für einen Rechtsprechungswandel von einer Trennungs- hin zu einer Einheitsbetrachtung dienlich sein könnten: Allenfalls bei der Besteuerung des *SH* könnte über diese Frage debattiert werden, wenn etwa ein vom *SH* zu leistender Barausgleich zu beurteilen ist (Ziff. 5.). Wenn *S9* eine Anknüpfung für einen etwaigen Auslegungswandel tatsächlich suchte, hätte *S9* diese Anknüpfung in seiner einschlägigen *SH*-Rechtsprechung gefunden[33]. Doch selbst bei solch denkbarer Zitierung läge ein Auslegungswandel nicht ohne Weiteres vor, weil dieser nur vermittels grundlegend gleichgelagerter Sachverhalte begründet werden kann und *S9* in 48/14 jedoch einen *OK*, nicht einen *SH*, zu beurteilen hatte, also schon eine grundsätzliche Vergleichbarkeit der Sachverhalte (hier auch: Verschiedenheit der Steuersubjekte [§ 1 EStG]: *OK* einerseits und *SH* andererseits) ausscheidet.

1.3.2.2 Weitere Wertungswidersprüche

Für ein tieferes Verständnis ist zudem die Vorerkenntnis von Bedeutung, weshalb sich *S9* in Sachen Einheitsbetrachtung selbst widerspricht und welche grundlegenden Erwägungen 48/14 benötigt hätte, um (zwecks treffender Rechtsfindung zur Besteuerung des *OK*) in die Nähe einer überzeugenden Beweisführung zu gelangen: Die in 48/14 erstmals vorgenommene Einheitsbetrachtung, wonach nicht zwischen Eröffnungs- und Basisgeschäft zu unterscheiden sei (**Rz 16, 17**), ist ohne die ausführliche Einbindung grundlegender Betrachtungen (Ziff. 1.3.2.3) nicht schlüssig zu begründen. Hierzu ist auf die Gründe zu verweisen, welche *S9* im Laufe der Jahre selbst wiederholend anführte, um für die Trennungstheorie zu streiten[34]. Diese Alt-Gründe beruhen auf naheliegenden Erwägungen:

a) Selbständiges Bindungsentgelt:

Die *SH*-Prämie, wie § 20 Abs. 1 Nr. 11 EStG sie benennt, ist ein bei Abschluss des Optionsvertrages fälliges Bindungsentgelt, welches nach Entrichtung (grundsätzlich) nicht zurückgefordert werden kann[35]. Der *SH* verdient sich diese Prämie durch die Vereinbarung der Bindungsdauer und die Übernahme des Risikos, aus der Option in Anspruch genommen zu werden. Der *SH* erbringt durch das vereinbarungsgemäße Bereithalten bzw. Bereitstellen von Geldbeträgen bzw. Wertpapieren gegen Erhalt der *SH*-Prämie eine wirtschaftlich wie (zivil)rechtlich selbständige Leistung[36] gegen Entgelt, die auch steuerrechtlich losgelöst von einem etwa nachfolgenden Glattstellungsgeschäft (Nr. 11 Hs. 2) zu beurteilen ist.

b) Spekulation unbeachtlich:

Zwar erfolgt die (gesonderte) Steuerbarkeit der Prämie des *SH* im geltenden Recht (Nr. 11) insoweit abhängig vom spekulativen Charakter des Optionsgeschäfts, als die Prämien eines Glattstellungsgeschäfts zum Abzug gelangen (Nr. 11 Hs. 2). Dies führt aber nicht notwendig dazu, dass ein späteres Glattstellungsgeschäft, so es denn statt-

---

[33] BFH v. 12.7.2016, IX R 11/14, BFH/NV 2016, 1691; BFH v. 10.2.2015, IX R 8/14, BFH/NV 2015, 830; bereits: BFH v. 13.2.2008, IX R 68/07, BStBl II 2008, 522.
[34] BFH v. 12.7.2016, IX R 11/14, BFH/NV 2016, 1691 (Rn. 26 bis 28); BFH v. 10.2.2015, IX R 8/14, BFH/NV 2015, 830 (unter II.1.a).
[35] BFH v. 12.7.2016, IX R 11/14, BFH/NV 2016, 1691 (Rn. 27).
[36] Zuletzt: BFH v. 12.7.2016, IX R 11/14, BFH/NV 2016, 1691 (Rn. 27, 33): *„wirtschaftlich und rechtlich selbständige Leistung"*.

findet, steuerrechtlich zu einer wirtschaftlichen Einheit mit dem Optionsvertrag verschmilzt, wie es aber – jedenfalls im Ergebnis – *S9* in 48/14 erklären möchte.

c) Gegengeschäft unsicher:
Gegen eine solche Einheitsbetrachtung der Geschäft spricht, dass der Abschluss eines Gegengeschäftes nicht sicher ist also das Eröffnungsgeschäft nicht immer zu einem Gegengeschäft (etwa Glattstellung oder Basisgeschäft) führt. Der *OK* ist in seiner Entscheidung frei und dessen Verhalten ist nur insoweit berechenbar, als der *OK* gewiss nicht den *SH* auszahlen wird, wenn er erkannt hat, dass die Option *„aus dem Geld gelaufen"*, also wertlos geworden ist. Der *OK* kann innerhalb der Optionsfrist oder zum Optionstermin von seinem Recht Gebrauch machen und etwa Wertpapiere zum zuvor vereinbarten Basispreis erwerben. Prinzipiell ist der *OK* frei, ein Anschlussgeschäft zu tätigen.

d) Optionsgeschäft durch Zahlung der SH-Prämie erfüllt:
Überhaupt sind der Optionsvertrag und das Devisen- bzw. Wertpapiergeschäft wirtschaftlich und rechtlich nicht so miteinander verknüpft, dass sie steuerrechtlich als Einheit aufzufassen sein könnten. Vielmehr wird das Optionsgeschäft bereits durch die Einräumung des Optionsrechts einerseits und durch die Zahlung der *SH*-Prämie andererseits voll erfüllt und nur daran knüpft die im Tatbestand (der Nr. 11 Hs. 1) vorausgesetzte Leistung (*„Stillhalterprämien, die für die Einräumung einer Option vereinnahmt werden"*) an. Bereits mit seiner Entscheidung XI R 197/87[37] aus dem Jahre 1990 hatte der BFH (zu überkommenem Recht) erkannt, dass der Optionsvertrag durch die Einräumung des Optionsrechts und Zahlung der Optionsprämie (durch den *OK*) vollständig erfüllt ist[38].

Resümierend ...
ist – bis hierher – festzustellen, dass *S9* die Aufgabe seiner Trennungstheorie nicht nachvollziehbar begründet hat (weiter: Ziff. 1.3.2.4). Insbesondere hat sich *S9* in 48/14 (a) nicht mit seinen eigenen, anderslautenden (*SH*-)Erwägungen auseinandergesetzt und (b) zudem Betrachtungen zu verschiedenen normativen Tatbeständen – für den *OK* einerseits (*geltende Norm*) und den *SH* andererseits (Abs. 1 Nr. 11) – unzulässig miteinander vermischt. Eine Einheitsbetrachtung, wie sie *S9* in 48/14 vorschwebt, praktiziert eine pauschalisierte Verfälschung (Fiktion) des jeweiligen vom *OK* realisierten Sachverhaltes. Bereits aus Sicht des *SH* sind die Geschäfte zivilrechtlich aber auch wirtschaftlich verselbständigt. *S9* konnte in 48/14 nur deshalb zu dieser Fehleinschätzung gelangen, weil *S9* es verabsäumt hat, die Steuersubjekte (*OK* einerseits und *SH* andererseits) und deren Wirken für Zwecke der Rechtsfindung voneinander zu trennen: Für die Rechtsfindung des Wirkens des *OK* hatte *S9* nämlich keinen unmittelbaren Anlass, sich mit der – nur für den *SH* entwickelten – Trennungs- bzw. Zwei-Verträge-Theorie näher zu befassen.

---

[37] BFH v. 28.11.1990, IX R 197/87, BStBl II 1990, 300.
[38] Zuletzt: BFH v. 12.7.2016, IX R 11/14, BFH/NV 2016, 1691 (Rn. 27 f.): Festhaltung.

1.3.2.3 Allenfalls mögliche Argumentation für eine Einheitsbetrachtung

Damit soll nicht gesagt sein, dass solche Auseinandersetzung notwendig ohne Frucht zu bleiben hätte und ein gedanklicher Bogen vom *OK* zum *SH* und zurück zum *OK* nicht doch noch geschlagen werden könnte. *S9* greift mit seinem erstmaligen Bericht (48/14) von einer Einheitsbetrachtung (**Rz 16, 17**) die Untersuchung von *Aigner/Balbinot*[39] auf, jedoch ohne diese beiden Autoren zu zitieren. *Aigner/Balbinot* tragen im Ergebnis vor, mit Blick auf die durch das UntStRefG 2008 eingetretenen Rechtsänderungen sei der vom *S9* zum *SH* entwickelten Trennungstheorie die argumentative Grundlage genommen (worden).

Hätte *S9* also ernstlich dazu ansetzen wollen, eine Aufgabe seiner *SH*-Trennungstheorie schlüssig erklären zu wollen, hätte er zunächst einmal seine ersten diesbezüglichen *SH*-Entscheidungen, etwa IX R 68/07[40] als Bezugsquelle zitieren müssen, um sodann auszuführen, die *SH*-Prämie sei – anders als es *S9* bislang dargetan habe (IX R 68/07) – in Tatsächlichkeit keine Vergütung für eine rechtlich und wirtschaftlich selbständige Leistung[41]. Eine solche Begründung wäre immerhin zu hören und sodann eingehend zu erwägen, wenn *S9* sie so aufgebaut hätte, wie sie etwa *Aigner/Balbinot*[42] dem interessierten Fachpublikum – etwa unter Hinweis auf die Faktoren zur Bildung der Prämienhöhe u.a.m. – begründend zur Kenntnis gebracht haben.

Um den Bezug zum Streitfall (48/14: *OK*) nicht (gänzlich) zu verlieren, hätte *S9* sodann ausführen müssen, dies seien zwar Erwägungen, die (zunächst) für die Besteuerung des *SH* (nach Abs. 1 Nr. 11) von Relevanz seien, wegen der „inneren Bindung" dieser Geschäfte mittelbar aber auch auf die Beurteilung des *OK* nach der *geltenden Norm* durchschlügen, andernfalls eine symmetrische Besteuerung von *SH* und *OK* nicht (mehr) gewährleistet sei. Bislang ist zwar (noch) nicht (förmlich) erwiesen, dass beide Kontrahenten in etwa gleich belastet werden müssen, indes liegt der Gedanke durchaus nahe und könnte womöglich aus dem System dieser Schedulenbesteuerung samt Verfassungseinblick erschlossen werden. Eine folgerichtige Gesamtbesteuerung der Kontrahenten – so hätte *S9* dazu ausführen können – ,des *OK* einerseits und des *SH* andererseits, verlange schon die Konstitution (Art. 3 Abs. 1 GG).

Denn wenn *OK* und *SH* (gemeinsam) schon keinen Mehrwert (hier: Ertrag) schafften, weil sie – so nämlich das Ergebnis in den meisten Fällen – nur Geld hin- und herschieben, könne eine folgerichtige Besteuerung (beider Kontrahenten) nur gelingen, wenn beide entweder zum Vollabzug jedweder geschäftsbedingter Aufwendungen berechtigt seien, oder aber beide (*SH* wie *OK*) von einem teilweisen Aufwandsabzug dergestalt betroffen wären, welcher – statistisch betrachtet – beide Kontrahenten in etwa gleich belaste (Folgerichtigkeitsgebot). Allein *S9* bemüht sich in 48/14 nicht einmal um einen nachvollziehbaren Übergang zu einer (solchen) Einheitsbetrachtung. Vielmehr zitiert *S9* die falschen Quellen (11/06 und 69/07), erklärt *S9* nicht, was die *SH*-Trennungs-Theorie mit der – anders normierten (*geltende Norm*) – Besteuerung

---

[39] *Aigner/Balbinot*, DStR 2015, 198; siehe bereits: *Hahne*, BB 2008, 1101 f.
[40] BFH v. 13.2.2008, IX R 68/07, BStBl II 2008, 522.
[41] Statt dessen hat *S9* seine *SH*-Trennungstheorie auch nach dem Ergehen von 48/14 weiterhin „verteidigt": BFH v. 12.7.2016, IX R 11/14, BFH/NV 2016, 1691 (Rn. 27 f.): Festhaltung.
[42] *Aigner/Balbinot*, DStR 2015, 198, 201 ff..

des *OK* gemein haben könnte, wie *S9* schon nicht aufweist, weshalb die von *S9* bislang vorgetragenen Gründe für eine Einzelbetrachtung der Geschäfte (Trennungstheorie, die *S9* in den Jahren 2014[43] und 2015[44] noch verteidigt hatte) im Jahre 2016 nicht mehr zu tragen vermochten.

1.3.2.4 Resümee: Nicht begründete Aufgabe der Trennungstheorie

Zu der vom *S9* in 48/14 urplötzlich aufgegebenen Trennungstheorie soll sonach gesagt sein: Mit Blick auf die erhöhten Anforderungen, denen die Begründung des Obergerichts gerecht werden soll, ist es schwerlich ausreichend, wenn *S9* mit drei Sätzen (**Rz 16** letzter Satz, **Rz 17** beide Sätze) erklärt, eine Trennung von Eröffnungs- und Basisgeschäft entfalle fortan. Denn wenn *S9* (a) sich nicht bemüht, seinen – zudem im Verborgenen geschlagenen – Gedankenbogen von seiner *SH*-Trennungsrechtsprechung zur *OK*-Besteuerung schlüssig zu erläutern, (b) dem interessierten Leser seiner Entscheidung den (möglichenfalls brauchbaren) theoretischen Unterbau vorenthält, (c) die „falschen" Bezugsentscheidungen (nämlich: 11/06 und 69/07) zitiert (**Rz 17**, Satz 2) und (d) selbst die Bezugnahme auf eine Gesetzesbegründung (**Rz 17**, letzter Satz 2, a.E.) unergiebig ist (hier: Falschzitat der Gesetzesbegründung), kann *S9* sich damit – hatte *S9* die *SH*-Trennungstheorie doch selbst ins Leben gerufen und über Jahre hinweg mit den verschiedensten Argumenten verteidigt – nicht glaubwürdig am Maßstab geltender Methode erklären.

Überhaupt steckt in den „drei Sätzen" des *S9* , welche nach der Anschauung von *S8*[45] erst ab 2009 Geltung entfalten könnten, kaum Überlegung: So kann *S9* mit seiner Einheitsbetrachtung nicht erklären, weshalb *G* an einem eigenständigen Tatbestand zur Besteuerung der *SH*-Prämien (§ 20 Abs. 1 Nr. 11 EStG) festgehalten hat. Nach der Einheitsbetrachtung des *S9* wäre auch dieses Rechtsgeschäft (des *SH*) unter die *geltende Norm* zu subsumieren. Dies ist indessen – anders als etwa *S8*[46] rechtsirrig meint – schon infolge des anders abgefassten (auf den *OK* zugeschnittenen) Normwortlauts und der Gesetzeshistorie (hier: Intervention des ZKA vor dem FinA) nicht möglich[47] (Ziff. 5).

1.3.3 Telos der *geltenden Norm*

Im nächsten Begründungsschritt wird *S9* scheinbar wissenschaftlich. *S9* gelangt zu einer ausdrücklich teleologisch geprägten Auszeichnung der Norm mit dem Ergebnis einer tatbestandserweiternden Wirkung. Im eigentlichen Normsinne, so *S9*, erlange der Erwerber des Rechtes (*OK*) auch bei Wertlosverfall der Option einem Vorteil aus dem Geschäft, welches bei Gewinnabsicht steuerbar sei (**Rz 18**). Diese Wertung des *S9* bleibt unergründlich, weil das „Wahlrecht" des *OK*, die Option (nicht) auszuüben, keine rechtliche oder wirtschaftliche Folge des Termingeschäfts, sondern die Rechtsnatur der Option ist[48] (Ziff. 2.3.1.3). Ein Wertlosverfall bringt dem *OK* keinen Vorteil aus dem Geschäft. Die *geltende Norm* fragt vielmehr nach einem erlangten Barausgleich oder

---

[43] BFH v. 11.2.2014, IX R 46/12, BFH/NV 2014, 1025.
[44] BFH v. 12.7.2015, IX R 11/14, BFH/NV 2016, 1691 (Rn. 26 bis 28).
[45] VIII R 55/13: Rdn. 18.
[46] VIII R 55/13: Rdn. 28 bis 32.
[47] FG Hamburg v 10.6.2016, 5 K 185/13 (Rdn. 104 ff.).
[48] *Stein* (Fn. 8), 31 f.

sonstigen Vorteil, sie definiert keinen „rechtlichen Vorteil" bei Verfall (Ziff. 2.3.1.3 und 2.3.2.2.c)). Dies wäre eine Fiktion, die anzubringen allein dem *G* obläge.

1.3.4 Rechtspolitischer Wille des *G*

Überdies ist eine normlautabweichende Teleologie nicht zulässig, wenn der Wortlaut auf einer bewussten rechtspolitischen Entscheidung beruht[49]. So liegen die Dinge hier, wie die Materialien des Gesetzgebungsverfahrens zum UntStRefG 2008 anschaulich belegen[50]. Zwar trägt *S9* insoweit vor, ein diesbezüglicher Wille des *G* lasse sich aus der zur Sache schweigenden Gesetzesbegründung nicht entnehmen (**Rz** 19, erster und zweiter Satz), was nur dann zutrifft, wenn man sich, wie der *S9*, auf das Studium der Drucksache des Bundestages beschränkt. Nimmt man die Drucksachen des Bundesrates hinzu, wird ersichtlich, dass der stets von Gewinn sprechende *G* „*Fälle der Optionsgeschäfte mit Barausgleich*" vor Augen hatte[51], was als Hinweis darauf zu verstehen ist, *G* halte alle Aufwendungen für verfallene Optionen auch im neuen Recht für nicht abzugsfähig.

Zu einer historischen Auslegung (Willensforschung) gehört neben dem Studium der Begründungen der Gesetzgebungsorgane auch die Sichtung und Deutung aller öffentlich zugänglichen Gesetzgebungsmaterialien. Bei sorgfältiger Befassung mit der Historie zum UntStRefG 2008 hätte dem *S9* auffallen können, dass der ZKA[52] zum UntStRefG 2008 anlässlich der Anhörung vor dem FinA am 7.5.2007 unter Hinweis auf das Nettoprinzip eine steuerliche Berücksichtigung des Erlöschens einer Rechtsposition, wie etwa den Verfall von nicht ausgeübten Options- oder Bezugsrechten, ausdrücklich gefordert hat[53]. Diesem Begehren nach einer Korrektur des Gesetzentwurfes war *G* dessen ungeachtet nicht nachgekommen und hauptsächlich hat er nicht das Erlöschen einer Rechtsposition, etwa durch Verfall, in die Reihe der Veräußerungstatbestände aufgenommen[54].

Diese Vorgänge erweisen, dass sich *G* der steuerlichen Behandlung von Anschaffungskosten bei Verfall von Optionsrechten bewusst war, sich also die Vertreter der Bundesregierung wie der Exekutive (in Personalunion durch das BMF vertreten) mit ihrer Haltung, die FinVerw werde im Hinblick auf die steuerliche Behandlung von Anschaffungskosten bei Verfall von Optionsrechten auch im Rahmen der ab 1.1.2009 geltenden Abgeltungsteuer an ihrer bisherigen Auffassung festhalten[55], vor dem *G* durchgesetzt haben. Damit hat der historische *G* eine Fortsetzung der bisherigen – bereits

---

49 BFH v. 26.6.2007, IV R 9/05, BStBl II 2007, 893.
50 *Stein* (Fn. 8), 73 (Ziff. 4.1.2.1), 75 ff, (Ziff. 4.1.2.2), 113.
51 BR-Drs. 220/07 v. 30.3.2007 zu § 20 Absatz 4 Satz 5: „*Zur Wahrung des Nettoprinzips mindern die im unmittelbarem sachlichen Zusammenhang mit den Termingeschäft anfallenden Aufwendungen den Gewinn. Hierunter fallen z. B. in den Fällen der Optionsgeschäfte mit Barausgleich die Aufwendungen für das Optionsrecht*".
52 Teilnahmenachweis bei beiden Anhörungen am 25.4.2007 und am 7.5.2007 vor dem FinA: BT-Drs. 16/5491 – Bericht des FinA – v. 24.5.2007, 8 re. Sp. und 9 li. Sp.
53 http://webarchiv.bundestag.de/cgi/showsearchresult.php?fileupload=/srv/www/htdocs/archive
/2008/0314/ausschuesse/a07/anhoerung/057/Stellungnahmen/29-Zentraler_KreditA.pdf&id
=1067 (vom *Verfasser* abgerufen am: 14.2.2015: Schreiben des ZKA, Berlin vom 20.4.2007 – DA/Dr.Dk/kg – A V/11/12a zum Entwurf eines Unternehmensteuerreformgesetzes 2008 – Teil II: Abgeltungsteuer –, Anlage, dort Seite 1).
54 *Gast*, Die steuerliche Berücksichtigung von Darlehensverlusten des Gesellschafters einer Kapitalgesellschaft, Berlin 2013, 144; *Stein* (Fn. 8), 68 f, 73 ff.
55 Den so im Rahmen des Gesetzgebungsverfahrens vorgetragene Standpunkt der Vertreter des BMF dokumentiert etwa bei: *Metzger/Tschesche*, jurisPR-BKR 5/2008 Anm. 4; *Philipowski*, DStR 2007, 1615, 1616 re. Sp.; siehe dazu auch *Stein* (Fn. 8), 69.

seit dem Jahre 2001 so vertretenen wie praktizierten – Verwaltungshandhabe ersichtlich in seinen Willen aufgenommen, deren Rechtmäßigkeit endgültig besiegelt war, als *S9* diese, kurz nachdem das UntStRefG 2008 „durch" war (vgl. a. Rz 19, zweiter Satz), als treffende wie verfassungsgerechte Auslegung der *Alt-Norm* bestätigte (11/06 und 69/07).

Damit ist die Gesetzeshistorie samt Willen des *G* buchstäblich belegt: *G* wollte dem nachhaltigen Drängen des ZKA (auch vor dem FinA), ersichtlich nicht nachgeben und unergründlich bleibt, weshalb *S9* diese Vorgänge in 48/14 nicht anführt und bewertet. Dieses „Weglassen" durch *S9* ist um so unlösbarer, als in der Literatur[56] hierzu notiert ist, der bei der mündlichen Verhandlung vor dem *S9* (48/14) anwesende Vertreter des BMF habe unter anderem vorgetragen, *G* habe im Gesetzgebungsverfahren dem Drängen interessierter Kreise widerstanden, die ausdrücklich gefordert hätten, das Verfallenlassen von Optionen zu besteuern. Damit dürfte sich der Vertreter des BMF auf das o. a. Drängen des ZKA vor dem FinA bezogen haben. Damit hat das BMF (als Verfahrensbeteiligter, § 122 Abs. 2 Satz 4 FGO) diese Historiendetails als Sachvortrag in den Prozess eingebracht. Weshalb also hat *S9* diesen so ersichtlichen „Willen" des *G* in seinen Gründen (48/14) nicht gewürdigt?

Von dieser Position (hier lt. BMF[57]: dem Drängen interessierter Kreise zu wiederstehen) war *G* selbst dann nicht abgerückt, als sich der ZKA in einer unter dem 16.5.2008 abgegebenen Stellungnahme[58] zum Referentenentwurf des Jahressteuergesetzes 2009 erneut für eine solche Änderung des Gesetzes zu Gunsten der Anleger verwendet hat. Obgleich der ZKA ein weiteres mal unter Hinweis auf das *„Nettoprinzip"* und eine (vermeintlich) *„umfassende Wertzuwachsbesteuerung"* dem *G* eine Gesetzesänderung (vermittels einer entsprechenden Ergänzung des § 20 Abs. 2 Satz 2) zu Gunsten der Anleger nahegelegt hat[59], hat *G* das Erlöschen einer Rechtsposition, etwa durch Verfall, weiterhin nicht in die Reihe der normativ-steuerbaren Veräußerungstatbestände aufgenommen. Wenn *G* das Erlöschen einer Rechtsposition bei Verfall eines Optionsrechtes sonach bewusst nicht in die Steuerbarkeit „hineingesetzt" hat, kann eine planwidrige Gesetzeslücke nicht bestehen.

Der erkennbar politische Regelungswille des *G*[60] ist vielmehr die Wahrung des Status Quo[61]: Die *Alt-Norm* (Hs. 1) und die *geltende Norm* sind deshalb wortgleich, weil *G* am Tatbestand nichts ändern wollte. Auch dieses Verhalten des *G* bestätigt nur die Einsicht, welche *S9* kurze Zeit später in seinen *Alt-Norm-Urteilen* 11/06 und 69/07 als treffende Rechtsanwendung erkannt hatte. Dem *G* war die Problematik der verfallenen Optionen ersichtlich bekannt und er hatte im Rahmen der Abfassung des § 20 Abs. 2 EStG entschieden, sich das *Alt-Norm*-Verständnis des BMF für die *geltende Norm* zu eigen zu machen. Dass *G* diese Wertungsübernahme in der Gesetzesbegründung nicht noch einmal gesondert erwähnen musste, ist evident:

---

56 *Ratschow*, BFH/PR 2016, 140, 142 li. Sp. [noch Ziff. 4.a)].
57 Vgl. *Ratschow*, BFH/PR 2016, 140, 142 li. Sp. [noch Ziff. 4.a)].
58 http://www.die-deutsche-kreditwirtschaft.de/uploads/media/080516-Stn-ZKA-AbgSt-gesamt.pdf (abgerufen am 8.2.2015): Anlage, Seite 16 f.: Die Stellungnahme vom 16.5.2008 (AZ ZKA: STEUREG / AZ BdB: N 1.3 - Sk/Gg) ist diesmal an die Regierung, nämlich das BMF, gerichtet.
59 Wortlaut der Begründung auch bei: *Stein* (Fn. 8), 76 f.
60 *Stein* (Fn. 8), 10, 73 f.
61 *Stein* (Fn. 8), 10, 73 f., 113.

Die *Alt-Norm* und die *geltende Norm* haben einen identischen Wortlaut. Zeitlich gesehen hat *G* dieses Verständnis bereits im Jahre 2007 – und damit noch vor der gleichlautenden Erkenntnis des *S9* (69/07) – in das Gesetz gegossen. Sonach konnte bis Herbst 2012, als *S9* in 50/09 mit einem Auslegungswandel überraschte, ein Gleichklang aller drei Gewalten verzeichnet werden: Der Verfall einer Option ist steuerlich irrelevant. Wollte man darin eine normative Regelungslücke sehen[62], läge diese sonach im Plan des *G*[63], weshalb für die teleologische Extension des *S9* in 48/14 (oben Ziff. 1.3.3), zu welcher *S9* sich immerhin bekennt (**Rz 18**, erster Satz), kein Raum besteht.

1.3.5 Fehldeutung von Leistungsfähigkeit und Folgerichtigkeit

Der soeben entfaltete historische Wille des *G* ist auch von Bedeutung, wenn zu erkennen ist, dass die Folgeerkenntnis des *S9*, dessen einfachrechtliche Einschätzung (steuerbarer Optionsverfall) gehe nämlich mit dem Leistungsfähigkeits- und Folgerichtigkeitsgebot konform (**Rz 20** erster Satz), eine ergänzende verfassungskonforme Auslegung darstellt, deren Resultat ist: Stets sei die Leistungsfähigkeit des *OK* um die aufgewandten Optionsprämien gemindert, gleich ob die Option verfalle oder nicht (**Rz 20**, dritter Satz). Nicht gesichert ist schon, ob sich *S9* in Sachen Leistungsfähigkeit auf die Verfassung berufen kann. Zwar spricht *S9* von einem

„verfassungsrechtlichem Gebot der Ausrichtung der Steuerlast am Prinzip der finanziellen Leistungsfähigkeit" (**Rz 20**, erster Satz).

Diese Formulierung ist ungenau, weil ein Verfassungsrang des Leitmotivs einer Nettobesteuerung vom BVerfG bislang nicht festgestellt ist[64]. Erwiesen ist hingegen, dass *G* vom einfachrechtlichen Ideal einer Nettobesteuerung abweichen kann (Ziff. 3.1). Zudem geht der Verweis des *S9* auf das Leistungsfähigkeitsprinzip bereits mangels Steuerbarkeit des Vorgangs fehl[65]. Eine verfassungskonforme Auslegung darf dem Normwortlaut und dem klar erkennbaren Willen des *G* nicht widersprechen. *S9* aber wendet sich unter Berufung auf den Gleichheitssatz (Art. 3 Abs. 1 GG) immediat gegen den Normwortlaut (*„Vorteil ... erlangt"*) und gegen den klar ersichtlichen Willen des *G*.

Eine verfassungskonforme Auslegung verlangt zugleich, dass mehrere Optionen der Norminterpretation bestehen. Vorliegend ist nur eine Auslegung ernstlich vertretbar, nämlich diejenige der jeweils beklagten Finanzämter, weshalb *S9* mit seinem Hinweis zur Leistungsfähigkeit nicht mit Erfolg gehört werden kann[66]. Dies wird, weil bereits 50/09 so argumentiert, dort näher erörtert (Ziff. 2.4 und 2.3.1.4). Auch vermag der Hinweis des *S9* auf das Folgerichtigkeitsgebot (**Rz 20** erster Satz) schwerlich zu überzeugen, denn die vom *G* umgesetzte Folgerichtigkeit in der Belastung wird auch mit Blick auf die Besteuerung des Kontrahenten (des *SH*) gemäß § 20 Abs. 1 Nr. 11 EStG ersichtlich: Den Vermögensverlust, den der *SH* dadurch erleidet, dass er einen

---

[62] Dazu etwa: *Stein* (Fn. 8), 68.
[63] *Stein* (Fn. 8), 70.
[64] BVerfG v. 15.2.2016, 1 BvL 8/12, BStBl II 2016, 557, unter B.II.5: *„ ...als das Bundesverfassungsgericht den Verfassungsrang des objektiven Nettoprinzips selbst im Einkommen- und Körperschaftsteuerrecht ausdrücklich offen gelassen hat"*; BFH, v. 28.4.2016, IV R 20/13, BStBl II 2016, 739 (Rn. 17).
[65] Vgl. auch *Stein* (Fn. 8), 32 ff. zur ähnlichen Begründung in 50/09.
[66] *Stein* (Fn. 8), 49 ff. zur gleichen Problematik bei 50/09.

Barausgleich zu leisten hat, stellt – ebenso wie die durch Verfall verlorene Prämie des *OK* – einen einkommensteuerrechtlich unbeachtlichen Vermögensschaden dar[67] (Ziff. 5.).

1.3.6 Generelle Substanzbesteuerung?

Der weitere Hinweis des *S9* auf das Verfassungsgebot der Folgerichtigkeit (**Rz 20**, erster Satz), diesmal eines mit echtem Verfassungsrang, ist ebenso unbehilflich. *S9* begründet dies (gemeinsam mit seinem Leistungsfähigkeitseinwand) damit, *G* habe unter dem Abgeltungsteuerregime den Gewinn und alle Wertzuwächse bei Termingeschäften der Besteuerung unterwerfen wollen (**Rz 20**, zweiter Satz) und beruft sich dabei auf BTDrucks 16/4841, 55. Diese Erwägung verwendet *S9* in 48/14 zum zweiten Male, hatte er sie doch bereits bei seiner einfachrechtlichen Auskunft (**Rz 16**, erster Satz) mit dem Worten angebracht, bei Termingeschäften habe *G* alle Vor- und Nachteile des Steuerpflichtigen erfassen wollen. Der Hinweis des *S9*, alle Wertzuwächse seien zu besteuern und alle Vor- und Nachteile seien steuerlich zu erfassen, ist rechtlich schwer einzuordnen, weil *S9* nichts zur Begründung ausführt.

Wenn *S9* damit etwas Grundlegendes in dem Sinne gemeint hätte, *G* habe unter dem Abgeltungsteuerregime einen Paradigmenwechsel im Sinne einer generellen Substanzbesteuerung begründet, was den Abzug der (vergeblichen) Aufwendungen als negativer Wertzuwachs für sich selbständig begründe, so hätte er sich gewiss so oder ähnlich ausgedrückt und dies vor allem dann dezidiert erklärt, falls er – dies wäre in der Tat eine Novität – ein (punktuelles) Finanzvermögen erspäht haben sollte. Immerhin hatte eine der drei Vorinstanzen, nämlich diejenige zu 49/14[68], sich nicht allein auf die Analoganwendung von 50/09 verlassen wollen und zur Verstärkung der Gründe ausgeführt, nach Einführung der Abgeltungsteuer werde nicht mehr zwischen Vermögensebene und Ertragsebene unterschieden: Weil sämtliche positiven Vermögenszuwächse beim *OK*, die er durch die Ausübung oder Veräußerung der Option erlangt hat, nach § 20 EStG der Besteuerung unterliegen, müssten auch (vergebliche) Optionsgeschäfte, die zu einer Minderung des Vermögens geführt haben, bei der Besteuerung berücksichtigt werden.

Soweit will *S9* in 48/14 vermutlich nicht gehen, zumal er nicht zusätzlich vorträgt, eine Trennung zwischen Ertrags- und Vermögensebene sei dem Besteuerungskonzept der Abgeltungsteuer fremd und *S9* läge mit solcher Zurückhaltung auch richtig: Es ist auch unter dem Abgeltungsteuerregime beim Dualismus der Einkunftsarten verblieben wie auch kein (punktuelles, dem Betriebsvermögen ähnelndes) Finanzvermögen existiert (unten Ziff. 3). Deshalb ist nicht ernstlich damit zu rechnen, dass *S8* diese indifferenten „Wertzuwachs/Vorteile/Nachteile-Einlassungen" des *S9* im Rahmen der Beantwortung der bei ihm offenen Fragen zu den Vermögenseinbußen infolge (schlichten) Forderungsausfalls[69] (s. a. Ziff. Tz. 3.4) gegen die Auffassung des BMF[70] einsetzen wird.

---

[67] BMF v. 18.1.2016, BStBl I 2016, 85, Rz. 26, 34; bereits: BMF vom 14.12.2007, IV B 8 – *S9* 2000/07/0001, Tz. 4 Buchst. b; FG Hamburg v. 10.6.2016, 5 K 185/13, EFG 2016, 1432; a. A. *S8* in VIII R 55/13.
[68] FG Düsseldorf v. 27.6.2014, 1 K 3740/13 E, EFG 2014, 1580, nachgehend 49/14.
[69] Dazu – Revision VIII R 13/15 – zuletzt: *Mathäus*, FR 2016, 888; *Aigner*, DStR 2016, 345; *Spieker*, DB 2016, 197; *Anemüller/Lohkamp*, ErbStB 2016, 121, 125; *Hahne*, BB 2015, 1640; s. a. *Cornelius/Anwari*, EStB 2016, 266, 272.
[70] BMF v. 18.1.2016, BStBl I 2016, 85, Rz. 60.

1.3.7 Andere Auffassung des BMF

Die Ausführungen der **Rz 19** besagen, der anderslautenden Auffassung des BMF sei nicht zu folgen und stehen in keinem Bezug zu den anderen Feststellungen des BFH, weshalb sie isoliert auszuwerten sind: Die Erkenntnis des *S9* beruht auf zwei Feststellungen und einer daraus gezogenen Konsequenz. *S9* stellt fest: Während des Gesetzgebungsverfahrens zum UntStRefG 2008 sei zur Sache keine Rechtsprechung des BFH existent – also weder die *Alt-Norm-Urteile* (11/06 und 69/07 aus 2007 und 2008) noch die Entscheidung 50/09 aus 2012 bekannt – gewesen (**Rz 19**, dritter Satz). *S9* stellt zudem fest:

Ein der Auffassung des BMF entsprechender Wille des *G* ergebe sich nicht aus der zur Sache schweigenden (**Rz 19** zweiter Satz) Gesetzesbegründung (**Rz 19** erster Satz). Daraus zieht *S9* den Schluss: *G* habe „*daher*" die steuerliche Behandlung des Verfalls von Optionen der Auslegung durch die Gerichte überlassen (**Rz 19** vierter Satz). Die eine Feststellung des *S9* (die Rechtsprechung des *S9* war dem *G* noch nicht bekannt) trifft zu, die andere Feststellung (Gesetzesbegründung schweigt) aber so nicht und beide Befunde des *S9* rechtfertigen nicht die Folgerung des *S9*. Dessen Auslegungsbefugnis und –verpflichtung begründet sich bereits aus dem Gewaltenteilungsgrundsatz und dem Rechtsprechungsauftrag (der Konstitution), nicht jedoch aus den Einzelkenntnissen des einfachen Steuergesetzgebers.

Nicht einsichtig bleibt also, wie *S9* zur Einschätzung gelangen konnte, der Umstand des (erst) späteren Hinzutretens von BFH-Rechtsprechung zur *Alt-Norm* habe Einfluss auf die heutige Bewertung den historischen Willen des *G* und zugleich auf die Auslegungsbefugnisse des *S9* und damit auf die heutige Auslegung der *geltenden Norm* nehmen können. An dieser Stelle verwechselt *S9* die Zusammenhänge, vornehmlich in deren Zeitbezug, auf fatale Weise: Die Willensbildung des *G* ist mit der Verabschiedung des in Rede stehenden Gesetzes abgeschlossen und mit der Veröffentlichung im Bundesgesetzblatt hat *G* das Gesetz vollständig aus den Händen gegeben. Verbleibende Fragen zum Gesetz beantworten fortan die Exekutive als dessen Erstinterpret und die Rechtsprechung als Zweitinterpret.

Geht es den Interpreten nun darum, den historischen Willen des *G* (hier: zur *geltenden Norm*) näher zu erforschen, ist notwendig zu erkennen, dass zeitlich später ergangene Befunde aus anderem Hause – hier etwa 11/06 oder gar 50/09 – den historischen Willen des *G* schon denklogisch nicht beeinflusst haben können. Dies gilt erst recht, wenn solche späten Befunde eine Norm (hier: *Alt-Norm*) ausloten, die *G* in dem Gesetz, dass *S9* in 48/14 aber gerade anspricht (das UntStRefG 2008), nicht gesetzt hat. Nach der Bewertung des *Verfassers* handelt es sich hier – unzulässige Ermittlung der Gesetzeshistorie (**Rz 19**) – um den gröbsten Auslegungsfehler des *S9* in 48/14.

Der historische Wille des *G* kann nur aus den Materialien erschlossen werden, die seinerzeit vorlagen und Gegenstand einer Erörterung – schriftlich wie mündlich – vor dem *G* waren. Das seinerzeit im Lenze 2007 vor dem *G* zum Gesetzentwurf angetippte Problem des Optionsverfalls (bzw. Rechtsverlust durch Erlöschen) beschränkte sich auf die Vorträge des ZKA: In der Literatur ist zweimal dokumentiert[71], Vertreter des BMF hätten während des Gesetzgebungsverfahrens bekundet, das BMF werde an seiner schon bisher vertretenen Auffassung im Hinblick auf die steuerliche Behandlung von Anschaffungskosten bei Verfall von Optionsrechten auch im Rahmen der ab 1.1.2009 geltenden Abgeltungsteuer festhalten. Die öffentlich zugänglichen Materialien (des FinA) bestätigen indessen bloß die schriftliche Stellungnahme des ZKA an den FinA, nicht jedoch die in der Literatur benannten Äußerungen des BMF.

Der Bundestag hatte den Gesetzentwurf dem FinA zur federführenden Mitberatung überwiesen. Dieser hatte am 25.4.2007 und am 7.5.2007 öffentliche Anhörungen durchgeführt[72], deren Ergebnisse in die Ausschussberatungen eingegangen sind[73]. Die Regelungen zur hier in Rede stehenden Abgeltungsteuer waren Gegenstand einer dreistündigen Sachverständigenanhörung anlässlich der 57. Sitzung des FinA am 7.5.2007, deren Wortprotokoll unter der „Protokoll-Nr. 16/57" dokumentiert ist[74] und auch in der Literatur zitiert wird[75]. Welches Gewicht der FinA dem ZKA zuteil werden ließ, wird schon daran deutlich, dass – so dem Wortprotokoll (Nr. 16/57) des FinA durch Namensabgleich der vortragenden Teilnehmer nebst Herkunft zu entnehmen – der ZKA vor dem FinA zwecks mündlicher Erörterung des Gesetzentwurfs (hier: nur Abgeltungsteuer) durch drei Experten vertreten war.

Die Problematik des Optionsverfalls kam im Rahmen dieser mündlichen Erörterung vor dem FinA nicht zur direkten Ansprache. Der FinA hatte den geladenen Teilnehmern aber gestattet, bei ihm vorbereitende Schriftsätze einzureichen, wovon der ZKA mit seiner Eingabe vom 20.4.2007[76] (dazu oben Ziff. 1.3.4) ausgiebig Gebrauch machte. Neben einigen anderen Einwendungen fordert der ZKA darin auch eine steuerliche Berücksichtigung der Erlöschens einer Rechtsposition: Im Rahmen einer umfassenden Wertzuwachsbesteuerung müsse auch das Erlöschen einer Rechtsposition, wie der Verfall von nicht ausgeübten Options- oder Bezugsrechten, steuerlich berücksichtigt werden. § 20 Abs. 2 Satz 2 EStG-E stelle die Einlösung, die Rückzahlung, die Abtretung und die verdeckte Einlage der Veräußerung gleich. Dahinter stehe erkennbar das Konzept, alle Wertveränderungen, die mit Kapitalanlagen im Zusammenhang stehen, umfassend und lückenlos in die Besteuerung einzubeziehen[77].

Das Nettoprinzip gebiete jedoch, auch den ergebnislosen Verfall einer Rechtsposition steuerlich zu erfassen; dies betreffe insbesondere den Verfall von Options- und von Bezugsrechten. § 20 Abs. 2 Satz 2 EStG-E müsse entsprechend ergänzt werden[78]. Zur

---

71 *Metzger/Tschesche*, jurisPR-BKR 5/2008 Anm. 4; *Philipowski* (DStR 2007, 1615, 1616 re. Sp.
72 BT-Drs. 16/5491 v. 24.5.2007, 2 li. Sp., 9 li. Sp.
73 BT-Drs. 16/5491 v. 24.5.2007, 9 li. Sp.
74 Quelle Etwa: http://www.steuerberater-center.de/media/UntStReformG_2008-Protokoll2.pdf (abgerufen am: 30.3.2016); Quelle zudem: Web-Archiv des Bundestages.
75 *Weber-Grellet* in: Schmidt, EStG, 35. Aufl. 2016, Rz. 148; *Harenberg* in: H/H/R, EStG, § 20 Anm. 531 (Lfg. 240 Februar 2010).
76 http://webarchiv.bundestag.de/cgi/showsearchresult.php?fileteload=/srv/www/htdocs/archive/2008/0314/ausschuesse/a07/anhoerungen/057/Stellungnahmen/29-Zentraler_KreditA.pdf&id=1067 (abgerufen am: 4.4.2016: Schreiben des Zentralen Kreditausschusses, Berlin vom 20.4.2007 – DA/Dr.Dk/kg – A V/11/12a zum Entwurf eines Unternehmensteuerreformgesetzes 2008 – Teil II: Abgeltungsteuer –, Anlage, dort Seite 4).
77 Ebenso unter Hinweis auf den ZKA in FinA Prot 16/57 zuletzt: *Weber-Grellet* in: Schmidt, EStG, 35. Aufl. 2016, Rz. 148; siehe aber auch schon: Vorauflagen.
78 Wortlaut der Interessenvertretung auch bei: *Stein* (Fn. 8), 75 f.

(mündlichen) Anhörung am 7.5.2007 war der ZKA – wie oben erwähnt – mit drei Sachverständigen vertreten; ein Vertreter des BMF war – so liest sich das Protokoll (Nr. 16/57) – nicht dabei. Einer der ZKA-Verständigen hat jedoch auf die Einzeleinwände des ZKA-Schriftsatzes gesondert verwiesen und den FinA um deren ernstliche Würdigung ersucht[79]. Der Vorsitzende des FinA sicherte dies umgehend zu[80]. Letztlich wurde der Gesetzentwurf – auch hinsichtlich des § 20 EStG-E – unverändert vom Bundestage beschlossen.

Weshalb sich der ZKA mit seinem Begehr nach entsprechender Ergänzung des § 20 Abs. 2 Satz 2 EStG nicht durchzusetzen vermochte ist in den Materialien des FinG nicht dokumentiert. Immerhin wird aus der Art und Weise wie der ZKA vor dem FinA argumentierte, deutlich, dass seinerzeit vor dem *G* nicht etwa Zweifel an der Auslegung des BMF zur *Alt-Norm* geltend gemacht worden sind. Vielmehr sah der ZKA „seinen" Ausweg darin, einen weiteren Ersatztatbestand zu § 20 Abs. 2 Satz 2 EStG-E beim FinA und damit zugleich vor dem *G* einzufordern. Ergo: Die *geltende Norm* ist das Ergebnis der Beratungen im FinA des Bundestages.

Zurück zur Erwägung des *S9*: Es lässt sich also keinerlei Zusammenhang herstellten zwischen der Willensbildung der gesetzgebenden Organe bezüglich des geltenden Rechts (hier: *geltende Norm*) und der erst später ergangenen Rechtsprechung des *S9* zur *Alt-Norm*. Die Herstellung eines solchen Zusammenhangs ist denklogisch (zeitlich wie sachlich) schon nicht möglich und sonach als unzulässige Auslegung des *S9* zu beurteilen. Denkt man die Erwägung des *S9*, der „*Gesetzgeber*" habe „*den Fachgerichten*" (auch deshalb) Auslegungsfreiheit „*überlassen*", weil während des Gesetzgebungsverfahrens (im Jahre 2007) die Rechtsprechung des *S9* zur *Alt-Norm* (11/06 und 69/7) noch unbekannt war, folgerichtig zu Ende, dürften vor dem FinA überhaupt nur Gesetzesinterpretationen erörtert werden und in den Willen des *G* aufgenommen werden, zu denen bereits Rechtsprechung des BFH existiert.

Einen solchen Grundsatz kennt die Rechtsordnung aber nicht. Das Verständnis des *S9* in dessen **Rz 19** erscheint umso unlösbarer, wenn man berücksichtigt, dass *S9* die seit dem Jahre 2001 vertretene *Alt-Norm*-Interpretation des BMF schon in 2007 und 2008 mit seinen beiden *Alt-Norm-Urteilen* (11/06 und 69/07) – unter Hinweis auf den eindeutigen *Alt-Norm*wortlaut in dessen systematisch richtiger Einordnung – als treffend wie verfassungsgemäß beurteilt hatte. Wenn *S9* im selben Satze (**Rz 19**, dritter Satz) dann auch noch 50/09 als Rechtsquelle anführt, wird es wahrlich kryptisch: Mit 50/09 hatte *S9 erst* im Jahre *2012* – die *Alt-Norm* galt schon drei Jahre nicht mehr wie die *geltende Norm* schon ebenso lange in Kraft war – seine Auslegung geändert, ohne dies in 50/09 selbst anzuzeigen und ohne sich mit seinen anderslautenden *Alt-Norm-Urteilen* (11/06 und 69/07) überhaupt erst zu befassen[81] (Ziff. 2).

Vermutlich wollte *S9* mit diesen vier Sätzen in **Rz 19** lediglich zum Ausdruck bringen, er könne sich der anderslautenden Interpretation des BMF nicht anschließen. Allein die

---

79   FinA, Protokoll Nr. 16/57, 44: „*Sv Schaap (Zentraler Kreditausschuss): Ich will es damit bewenden lassen. Es gibt noch eine Reihe von anderen Punkten. Die finden Sie in unserer Eingabe. Wie gesagt, wir würden uns doch sehr dafür einsetzen, dass Sie diese Punkte in Ihren Beratungen durchaus mit Ernsthaftigkeit berücksichtigen*".
80   FinA, Protokoll Nr. 16/57, 44: „*Vorsitzender Eduard Oswald: Die Ernsthaftigkeit können Sie bei den Beratungen des Finanzausschusses immer unterstellen.*".
81   Vgl. auch: *Stein* (Fn. 8), 20 f.: Weder 11/06 noch 69/07 sind in 50/09 auch nur ein einziges Mal zitiert.

beigegebene Ergänzungsbegründung leistet keinen Aufklärungsbeitrag, was auf des *S9* Berufung auf eine zur Sache schweigende Begründung des *G* insbesondere zutrifft. Man könnte *S9* aber auch so verstehen: *G* habe in seiner Gesetzesbegründung mit Bedacht geschwiegen, weil er sich nicht endgültig festlegen wollte. Doch auch damit käme *S9* nicht weit, weil dessen Behaupten zunächst auf dem Weglassen der Drucksachen des Bundesrates beruht (Ziff. 1.3.4). Es sollten jedoch alle beteiligten Organe im Rahmen der historischen Auslegung gehört werden. Hinzu kommt, dass sich *S9* mit dem Vortrag des ZKA vor dem FinA ersichtlich nicht befasst hat und selbst wenn sich *S9* damit auseinander gesetzt hätte, müsste noch dem Zweck der Anhörungen vor den Ausschüssen Rechnung getragen werden: *G* als schweigender und willenloser Betrachter eines rechtlich begründeten (hier: Hinweis des ZKA auf Nettprinzip und Wertzuwachsbesteuerung) Begehrens einer Interessenvertretung? Ein solches Verständnis des Auslegungskanons währe wahrlich eine Novität mit Charakter.

Doch selbst wenn die Begründung des *G* zur Sache tatsächlich gänzlich schweigen sollte, was so nicht zutrifft[82], so hat *S9* auch nicht angesprochen und nicht berücksichtigt, wer als Verfasser des Gesetzentwurfs zu gelten hat, obgleich die Materialien auch dies eindeutig ausweisen[83]:

„*Federführend ist das Bundesministerium der Finanzen*".

Bei gründlicher Aufarbeitung der Materialen hätte *S9* sonach auffallen müssen, dass das solchermaßen formal legitimierte (und auch dem Verfahren 48/14 gemäß § 122 FGO beigetretene) BMF eine dezidierte Erkenntnis davon hat, was es (das BMF) bei Abfassung des Entwurfes des UntStRefG 2008 für den *G* mit der *geltenden Norm* – deren Wortlaut „*Differenzausgleich ... oder Vorteil erlangt*" eindeutiger kaum sein kann – bezweckt hatte. Auch im Steuerprozess gilt der Grundsatz der Mündlichkeit. In den Gründen von 48/14 ist das Ergebnis der mündlichen Verhandlung jedoch nicht angemessen wiedergegeben. In der Literatur ist festgehalten, der in der mündlichen Verhandlung zu 48/14 am 1.1.2016 anwesende Vertreter des BMF habe dort vorgetragen, er (in Person) habe das Gesetz geschrieben und könne versichern, *G* habe zu keinem Zeitpunkt die Absicht gehabt, die bestehende Rechtslage zu ändern[84].

Diese Einlassung (des BMF-Vertreters) geht mit den aus den Materialien[85] hervorgehenden Zeugnis einher, wonach das BMF für nämlichen Gesetzentwurf seinerzeit (im Jahre 2007) die Federführung innehatte. Diese Einlassung des BMF-Vertreters also, er sei an der Erarbeitung des maßgeblichen Gesetzentwurfs beteiligt gewesen, gewinnt zweifache Bedeutung für die Rechtsfindung: Zunächst handelt es sich – prozessual – um einen Parteivortrag (§ 122 Abs. 2 Satz 4 FGO) rechtlicher Natur, welchen *S9* im Rahmen seiner historischen Auslegung hätte bewerten müssen. Die Besonderheit an der Aussage des Vertreters des BMF während der mündlichen Verhandlung vor *S9* am 12.1.2016 liegt in der Mitteilung der Erfahrung einer am Rechtsgeschehen (hier: Prozess der Rechtsetzung im Jahre 2007) unmittelbar beteiligten Partei (Information aus erster Hand).

---

82 Vgl. – zur Umsetzung des Nettoprinzips – BR-Drs. 220/07 v. 30.3.2007 zu § 20 Absatz 4 Satz 5.
83 BT-Drs. 16/5377 v. 18.5.2007, 5; BR-Drs. 220/07 v. 30.3.2007, nach Seite 4.
84 *Ratschow*, BFH/PR 2016, 141 f. [Ziff. 4.a)].
85 BT-Drs. 16/5377 v. 18.5.2007, 5; BR-Drs. 220/07 v. 30.3.2007, nach Seite 4.

In der Sache selbst geht es um die Frage, ob dieser mündliche Parteivortrag geeignet war, *S9* zwecks historischer Auslegung als Auslegungshilfe zu dienen. Diese Frage dürfte zu bejahen sein, denn die in Rede stehenden Einlassungen des Vertreters des BMF sind für die Auslegung insoweit von Bedeutung, als die Rechtsprechung des BFH anerkennt, dass auch die Äußerungen einzelner am Gesetzgebungsverfahren Beteiligter ein (auch unter anderen Kriterien gewonnenes) Auslegungsergebnis bestätigen oder verbleibende Zweifel ausräumen können[86]. Freilich verlangt der BFH in diesem Zusammenhang einen Niederschlag im Gesetze selbst[87]. Solch hinreichend bestimmter Ausdruck im Gesetze selbst ist vorliegend aber garantiert, weil *G* vermittels unveränderter Übernahme des *Alt-Norm*-Wortlautes in die *geltende Norm* nur eine Fortschreibung der überkommenen Rechtslage vorgenommen hat. Wenn nun der Federführer des seinerzeitigen Gesetzentwurfes im Prozess (48/14) vortrug, nichts anderes sei mit diesem Entwurf seinerzeit (2007) beabsichtigt gewesen, so kann er damit gehört werden und die treffende historische Interpretation ist sonach einmal mehr abgesichert. Die hier zu Tage tretende Doppelfunktion des BMF ermöglicht keine andere historische Auslegung; auch diesen Aspekt übersieht *S9* in 48/14.

Konkret gemeint ist die „Sandwich-Konstellation" in der Zeit: Als Erstinterpret der *Alt-Norm* hatte sich das BMF zweifelsfrei und eindeutig positioniert (in 2001)[88]. Als Gehilfe der Regierung war dem BMF nun auch die Federführung des Gesetzentwurfes auferlegt und aus diesem Regierungsentwurf ging die *geltende Norm* (der *Alt-Norm* wortgleich entsprechend: *Alt-Norm*-Hs. 1 = *geltende Norm*) hervor (in 2007). Erneut als Erstinterpret, diesmal der *geltenden Norm*, hatte sich das BMF ebenso eindeutig und zweifelsfrei positioniert: Nämlich genauso wie bisher (etwa in 2012) zur *Alt-Norm*[89]. In dieser historischen Gesamtschau („BMF-Sandwich-Konstellation") ist es nur folgerichtig, wenn der Vertreter des BMF in der mündlichen Verhandlung (48/14) am 12.1.2016 sinngemäß vorgetragen hat, *G* habe eine Fortschreibung der bislang bestehenden Rechtslage (Nichtabzug der Optionsprämie bei deren Verfall) im Sinn gehabt.

Es lässt sich nicht nachvollziehen, weshalb *S9* diese naheliegende Historienbetrachtung nicht vornimmt, zumal sich aus den Materialien nichts entgegenstehendes ergibt und selbst die schriftliche Intervention des ZKA vor dem FinA ersichtlich fruchtlos blieb. Sonach unter Abgang von den allgemeinen Regeln zur Auslegung von Steuerrechtsnormen trägt *S9* etwa in **Rz 19** vor, ein Schweigen der Materialien deute auf einen anderen Willen des *G* hin. In der hier beschriebenen Konstellation sprechen schweigende Materialien aber gerade für einen Fortschreibungswillen des *G* und eben nicht für dessen Wunsch nach einer Änderung der Rechtslage.

Sowieso konnte *G* nur die bis zum Abschluss des Gesetzgebungsverfahrens höchstrichterlich unangefochtene Beurteilung des Erstinterpreten[90] (BMF) zur *Alt-Norm* in den Fokus nehmen. Dass *S9* nämliche *Alt-Norm*-Interpretation – kurz nach Abschluss des Gesetzgebungsverfahrens – als treffende Auslegung qualifiziert hatte (11/06 und

---

86 BFH v. 14.5.1991, VIII R 31/88, BStBl II 1992, 167.
87 BFH v. 13.10.1998, VIII R 78/97, BStBl II 1999, 163.
88 BMF v. 27.11.2001, BStBl I 2001, 986, Rz. 18, 23.
89 BMF v. 9.10.2012, BStBl I 2012, 953, Rz. 27, 32.
90 BMF v. 27.11.2001, BStBl I 2001, 986, Rz. 18, 23.

69/07), beeinflusst die historische Auslegung denknotwendig nicht. Allenfalls mittelbar könnten 11/06 und 69/07 zur abschließenden Historienaufklärung beitragen: Immerhin bestätigen sie – gleichsam nachträglich – dass die Auslegung des BMF bis zum Abschluss des Gesetzgebungsverfahrens von allen wortführenden Rechtskreisen als treffend beurteilt worden ist.

Wenn also G eine Norm (wortgleich) fortschrieb, deren – bis dato schon immer gleichmäßig geübte – Interpretation keinen Raum zum Zweifeln ließ, musste er diese klare Rechtslage in seiner Gesetzesbegründung nicht noch zusätzlich als klar und eindeutig beschreiben. In die Gesetzesbegründung gehört nur dass, was bei vernünftiger Beurteilung der Rechtslage Anlass zum Zweifeln geben könnte. Die Gesetzesbegründung muss nichts klarstellen, was allseits als klar und eindeutig gilt und nichts anderes hatte *S9* mit seiner kurz nach Abschluss des Gesetzgebungsverfahrens ergangenen Entscheidung 11/06 zum Ausdruck gebracht: Der Wortlaut der *Alt-Norm* ist an Klarheit nicht zu übertreffen. Damit ist noch einmal gesondert herausgeschält, wie zwanglos *S9* auch die historischen Zusammenhänge verdreht, wenn er in 48/14 (**Rz 19**) die vermeintlich schweigenden Materialien als Bestätigung seiner (Fehl)Interpretation bemüht. Tatsächlich hat *S9* erstmals gegen Ende des Jahres 2012, nämlich mit dem Ergehen von 50/09 (seine) Zweifel an der Richtigkeit der Auslegung des BMF vorgetragen und ob dieser Rechtsprechungswandel (50/09) wirklich trägt, ist wegen der Methodenverstöße des *S9* ernstlich zu bezweifeln[91] (unten Ziff. 2).

Zurück zu 48/14: *S9* ist also abzuverlangen, dass er sich selbst Gehör verschafft, indem er in den Gründen seinen eigenen Kenntnisstand auswertet. In **Rz 19** Satz 1 trägt *S9* vor, einen Willen des *G,* so wie das BMF ihn beschreibe, lasse sich der Gesetzesbegründung nicht entnehmen. Im nächsten Satz – **Rz 19** Satz 2 – führt *S9* fort, die Gesetzesbegründung schweige zur Behandlung des Verfalls von Optionen.

Kurz: Weil die Begründung schweige, lasse sich die Ansicht des BMF nicht bestätigen. Allerdings hat *S9* im Sachvortrag (unter I.) ausgeführt, das BMF habe auch vorgetragen, *G* sei Forderungen von Verbandsvertretern, das Verfallenlassen von Optionen in die Besteuerung einzubeziehen, nicht gefolgt. Zwar ist dieser Tatbestandsschilderung des *S9* nicht zu entnehmen, welche Verbandsvertreter das BMF dabei angesprochen haben soll (ob also das BMF damit vielleicht – den öffentlich zugänglichen – Vortrag des ZKA vor dem FinA gemeint hat) und es ist dieser Schilderung des *S9* auch nicht zu entnehmen, ob solche Verbandsvertreter ihre Forderung förmlich in das Gesetzgebungsverfahren eingebracht haben. Immerhin dokumentiert *S9* damit, dass *S9* Kenntnis davon hatte, dass neben der – nach Ansicht des *S9* schweigenden – Gesetzesbegründung möglichenfalls weitere Materialien existierten, welche einer gründlichen Ausleuchtung des historischen Willens des *G* dienlich sein könnten.

Bedenkt man noch einmal, dass die Literatur[92] auf den Vortrag des ZKA vor dem FinA ausgiebig aufmerksam gemacht hat, lässt sich nicht schlüssig erklären, weshalb *S9* diesen Hinweisen auf den Gang des Gesetzgebungsverfahren nicht nachgegangen

---

91 *Stein* (Fn. 8).
92 *Weber-Grellet* in: Schmidt, EStG, 35. Aufl. 2016, Rz. 148; *Stein* (Fn. 8), 73, 75 ff, 113; *Harenberg* in: H/H/R, EStG, § 20 Anm. 531 (Lfg. 240 Februar 2010).

ist und sich statt dessen auf eine vermeintlich schweigende Gesetzesbegründung beruft. Selbst wenn *S9* nicht auf solche Literatur gestoßen wäre, hätte er im Interesse einer schlüssigen Begründung zumindest erklären sollen, dass und weshalb er den – von ihm selbst genauso unter I. notierten – Vortrag des BMF, *G* sei Forderungen von Verbandsvertretern, das Verfallenlassen von Optionen in die Besteuerung einzubeziehen, nicht gefolgt, nicht in seine (Gesamt)Einschätzung des historischen Willens des *G* einfließen lassen könne.

Neben Schlüssigkeit und Methode berührt dies auch die Frage, wie die Gewalten miteinander umgehen. Wenn der Bundesrichter ihm unstreitig vorgetragene und möglichenfalls entscheidungserhebliche Teilaspekte aus seiner Würdigung ausklammert, hat er gegen die ihm auferlegte Methode (hier: Art und Umfang historischer Auslegung am Maßstab der Sachlage und des gesamten Streitstoffes) verstoßen (§ 96 FGO). Wenn – so wie *S9* die Dinge insgesamt erfassen musste – der historische Wille des *G* als einer der zentralen Auslegungsaspekte hervorgetreten ist, so war es nicht angezeigt, jenen Teilaspekt (Parteivortrag), der offenkundig die Fähigkeit mitbringen konnte, nicht nur den historisch geprägten Teil der Auslegung, sondern mit ihm die Gesamtauslegung zu Gunsten des Fiskus zu beeinflussen, ohne jeden Kommentar zu lassen. Damit ist nicht begehrt, *S9* sollte zur Historie der von ihm ausgelegten Norm auch jene Sorgfalt walten lassen, die der *Verfasser* dem *S9* im Lenze 2015 vorgelegt hat[93]; dies hätte den Rahmen der Urteilsgründe gesprengt. Es hätte gereicht, wenn *S9* mit wenigen Sätzen dargetan hätte, wie *S9* es bewertet, dass dokumentiert ist, dass der ZKA (a) im Gesetzgebungsverfahren begründend eine konkrete Forderung an den *G* (hier lt. ZKA: Optionsverfall steuerlich berücksichtigen) aufstellte, hierzu (b) einen eigenen Vorschlag zu Änderung des Gesetzentwurfs unterbreitete (hier lt. ZKA: Ergänzung des § 20 Abs. 2 Satz 2 EStG-E) und (c) *G* jenen Entwurfswortlaut, auf den der ZKA sein Änderungsbegehren gestützt hat, ohne Weiteres unverändert verabschiedete. *S9* war also nicht gehalten, naheliegende Erwägungen zur Historie des Gesetzes (etwa: ZKA vor FinA) wortlos zu übergehen.

1.3.8 Verlustnutzung: Keine Frage der Auslegung

S9 muss sich auch fragen lassen, wie es zusammenzubringen ist, dass *S9* einerseits Naheliegendes (soeben: Ziff. 1.3.7) übergeht um – statt dessen – Fernliegendes anzusprechen. *S9* weist nämlich auch darauf hin, die „*Gefahr einer ausufernden Verlustnutzung*" werde durch die Norm des § 20 Abs. 6 EStG begrenzt (**Rz 20**, vierter Satz). Der Argumentationswert dieser Einlassung des *S9* erschließt sich nicht. Ein Blick auf die Frage, ob das Gesetz Verluste vollständig (nach § 2 Abs. 3 EStG) oder eingeschränkt (nach § 20 Abs. 6 EStG, lex specialis) zum Ausgleich mit anderen positiven Einkünften zulässt, kann nichts zur Beantwortung der Frage beitragen, ob der Vorgang, der nur im Falle seiner Steuerbarkeit zu einem Verlust führte, steuerbar ist (Auslegungsfrage). Die Verlustnutzungsbegrenzung des § 20 Abs. 6 EStG kann also

---

93 Der *Verfasser* hatte – zusätzlich zur allgemeinen Veröffentlichung (ISBN 978-3-734-76822-4) – im März 2015 drei Exemplare seiner Arbeit (*Stein*, Fn. 8) dem Vorsitzenden des *S9*, Herrn Prof. Dr. *Mellinghoff*, in dessen Eigenschaft als Vorsitzender der DStjG zwecks Bewerbung um den Albert-Hensel-Preis 2015 überlassen. *Mellinghoff* hat dem Verfasser der Eingang dieser Schrift persönlich schriftlich betätigt.

nichts zur Aufklärung der Auslegungsfrage beitragen, weil die Frage auch dann unbeantwortet wäre, wenn diese Norm nicht existierte und auf § 2 Abs. 3 EStG zurückzugreifen wäre.

Was also hat *S9* damit gemeint, wenn er infolge der Begrenzung des § 20 Abs. 6 EStG der *„Gefahr einer ausufernden Verlustnutzung"* Grenzen gesetzt sieht? *S9* erläutert dies nicht. Falls *S9* damit gemeint haben sollte, *S9* würde einer anderen Auslegung (etwa im Sinne von 11/06) zuneigen können, falls die Verlustnutzungsbegrenzung des § 20 Abs. 6 EStG nicht existierte, wäre es hilfreich gewesen, nach den Regeln der Methode aufzuklären, aus welchen Gründen im Einzelnen *S9* der Meinung ist, seine Auslegung der *geltenden Norm* hinge maßgeblich von der jeweiligen Ausgestaltung der Verlustnutzungsvorschriften ab.

Vermutlich wollte *S9* soweit aber nicht gehen, sondern zum Ausdruck bringen, die Auswirkungen seiner 48/14-Auslegung seien wegen der Verlustnutzungsbeschränkung des § 20 Abs. 6 EStG für den Fiskus nicht sonderlich beträchtlich oder einmal – im mutmaßlichen Sinne des *S9* – schlicht gesagt: Die 48/14-Auslegung hätte den Fiskus schlimmer treffen können, wenn *G* die Verlustbegrenzung nicht erschaffen hätte. Falls *S9* dies so gemeint haben sollte, hätte *S9* damit den Kernbereich der Auslegung des *G* verlassen um eine Wertung seiner eigenen Auslegung vorzunehmen.

Dergleichen wäre aber nur dann zulässige Begründung, wenn diese Wertung als so genannte Folgenbewertung der Auslegung des *S9* zu beurteilen wäre. Einmal abgesehen davon, dass dem – selten verwendeten – Auslegungshilfsinstrument der Folgenbewertung ohnehin kein großes Gewicht im Rahmen der Gesamtauslegung zukommt, liegt in Tatsächlichkeit nicht einmal eine Bewertung der Auslegungskonsequenzen vor, weil die Beschränkung des § 20 Abs. 6 EStG (nun einmal) Gesetz ist und eine Folgenbewertung sich nur am gesetzten Recht orientieren kann und nicht daran, wie die Verhältnisse wären, wenn das Gesetz anders gesetzt wäre.

Ergo: Ist der in Rede stehende Hinweis des *S9* auf die *„Gefahr einer ausufernden Verlustnutzung"* als Auslegung des *G* zu beurteilen, so geht diese Beurteilung fehl, weil dergleichen der Auslegung der *geltenden Norm* weder methodisch noch sonst wie von Nutzen ist. Fruchtlos ist hierbei schon der aparte Duktus des *S9*, zumal der *S9* diesen nicht weiter aufklärt: Was hat *S9* mit *„Gefahr"* und *„ausufernder Verlustnutzung"* im Einzelnen gemeint? Das fiktionale Gedankengut des *S9* klärt nichts auf: Der Hinweis auf die normative Begrenzung der Verlustnutzung legt zwar offen, dass *S9* über die Bedeutung seiner Auslegung sinniert hat, was eher für eine Folgenbewertung (Auslegungshilfe) denn für eine Interpretation der *geltenden Norm* spricht.

Allein der von *S9* erstrebte Begründungsnutzen bleibt offen, weil der vierte Satz in **Rz 20** auch keinen Bezug zum vorhergehenden Satz 3 in **Rz 20** (Leistungsfähigkeit) aufnimmt und auch nicht erklärt, aus welchem Begründungszusammenhang heraus eine Antwort zu einer *„Gefahr einer ausufernden Verlustnutzung"* gefunden werden musste. Der vom *S9* unter I. gegebene Sachvortrag (**Rz 1** bis **11**) lässt jedenfalls nicht erkennen, dass einer der Beteiligten (Kläger, Finanzamt, BMF) die „Verlust-Nutzungs-Frage" überhaupt angesprochen hätte und auch *S9* selbst hat sie an keiner anderen Stelle seiner Begründung behandelt. Überhaupt hat *S9* verkannt, dass die Verlustverrechnungsbeschränkung des § 20 Abs. 6 EStG durch den gesonderten Abgeltungsteuersatz berechtigt ist[94] und Verluste innerhalb des § 20 EStG – mit Ausnahme von Verlusten aus Aktienveräußerung – ohne Weiteres mit Gewinnen aus § 20 EStG (etwa Zins- und Dividendenerträge) verrechnet werden können.

1.3.9 Zwischenbefund

Nach alledem lässt sich die von *S9* gegebene Begründung rechtslogisch nicht erschließen. Bis auf die Berufung auf 50/09 führt keiner der vom *S9* eingebrachten Einzeleinwände denklogisch zu dem vom *S9* entfalteten Ergebnis. Fraglich bleibt indessen noch, ob die Abstützung des *S9* auf 50/09 die faktisch fehlende Begründung ersetzen kann:

---

[94] BR-Drs. 220/07, 92.

2. Abstützung von BFH 48/14 auf *Alt-Norm*-Urteil 50/09

Als „zweite Säule" seiner Einschätzung lehnt sich *S9* an seine aus dem Jahre 2012 stammende Entscheidung 50/09 an, welche sich seinerzeit als überraschender[95] Auslegungswandel zu ausgelaufenem Recht (*Alt-Norm*) entpuppte. Die Literatur trägt hierzu vor, *S9* habe mit 48/14 seine Rechtsprechung von 2012 folgerichtig fortgesetzt[96]. Vornehmlich mit Blick auf (a) den Gang der Gesetzgebung zum UntStRefG 2008, (b) die Wortlautidentität von *Alt-Norm* und geltender Norm und (c) die noch anderslautenden die *Alt-Norm-Urteile* (welche 48/14 abgrenzend erwähnt) ist einer zweiaktigen Auslegungsumkehr das Wort zu reden: 48/14 beendet einen Auslegungswandel, welchen *S9* mit 50/09 zur wortgleichen *Alt-Norm* eingeleitet hatte.

Bereits die Vorinstanz zu 49/14 hatte vorgetragen, 50/09, sei auf die aktuelle Rechtslage übertragbar: Das ausgelaufene Recht stimme – abgesehen vom Wegfall der Behaltensfrist von einem Jahr – mit der *geltenden Norm* vom Wortlaut überein und ähnlich hatten es auch die beiden anderen Vorinstanzen zu 48/14 und 50/14 formuliert. Daneben haben sich noch weitere Untergerichte zur Auslegung der *geltenden Norm* ebenso unmittelbar wie bedenkenlos auf BFH 50/09 berufen[97], wie auch weite Teile der Literatur der Ansicht sind bzw. waren, der der Entscheidung 50/09 zu Grunde liegende Gedanke trage auch unter der geltenden Rechtslage[98]. Ein tiefes Verständnis nötigt also zur (zusammenfassenden) Bewertung beider Entscheidungen (50/09 und 48/14). Ließ sich die Überzeugungskraft der Gründe in 48/14 noch bündig als gering aufklären (hier: Ziff. 1), erweist sich die Deutung der Entscheidung 50/09 als Knacknuss, weil 50/09 ihren „Bauplan" nicht mitliefert, also nicht deutlich macht, welche Auslegungsmaßstäbe verwendet wurden. Die Entscheidung 50/09 muss gleichwohl enträtselt werden, weil sie als der eigentliche Quell des höchstrichterlichen Beurteilungswandels auszumachen ist.

S9 beruft sich mit 48/14 in drei Schritten auf 50/09: Einmal borgt sich 48/14 Erwägungen von 50/09 aus, damit ist die Einspielung der schon von 50/09 vorgetragenen Verfassungserwägungen (**Rz 20**, Satz 1) gemeint. 48/14 zitiert 50/09 dabei nicht, so dass der Eindruck entsteht, diese Verfassungseinwendungen seien eine Novität, was jedoch nicht zutrifft. Zudem verweist 48/14 an drei Stellen unmittelbar auf 50/09. Schließlich zitiert 48/14 in **Rz 18** und **20** einige Literaturfundstellen und eine Verwaltungsanweisung, die sich – bis auf drei Ausnahmen – mit 50/09 auseinandersetzen.

---

95 *Stein* (Fn. 8), 37 f.
96 *Ratschow*, BFH/PR 2016, 140, 141 li. Sp; *Heuermann*, StBp 2016, 151, 154.
97 Niedersächsisches FG v. 28.10.2015, 3 K 420/14, EFG 2016, 190 (Rev.: VIII R 40/15); FG Düsseldorf v. 6.10.2015, 9 K 4203/13 E, EFG 2015, 2173 (Rev.: VIII R 37/15).
98 *v. Beckerath* in: Kirchhof, EStG, 15. Aufl. 2016, § 20, Rn. 130; *Weber-Grellet* in: Schmidt, EStG, 35. Aufl. 2016, Rz. 133, 136 und 148; *Aigner/Balbinot*, DStR 2015, 198; *Dahm/Hamacher*, DStR 2014, 455, 459; *Rothenberger*, ErbStB 2013, 6, 7; *Moritz/Strohm*, DB 2013, 603, 607; *Meinert*, EFG 2015, 2175; *Meinert/Helios*, DStR 2013, 508, 510; *Knoblauch*, DStR 2013, 798, 801; *Heuermann*, DB 2013, 718 f.; *Weber-Grellet*, DStR 2013, 1412, 1414; *Ratschow* in: Blümich, EStG, § 20 Rz. 370; *Buge* in: H/H/R, EStG, § 20 Anm. 476 (Stand: 02/2014); *Dahm/Hamacher*, Termingeschäfte im Steuerrecht, 2. Auflage 2014, S. 31 (Rz. 64); für eine Berücksichtigung des Optionsverfalls unter dem Abgeltungsteuerregime bereits vor Ergehen von 50/09 (Ziff. 2.1.): *Helios/Philipp*, BB 2010, 95, 97; *Reislhuber/Bacmeister*, DStR 2010, 684, 685; *Philipowski*, DStR 2007, 1615.

Als Verständnishilfe ist 48/14 jedoch nicht dienlich (nützlich), weil 48/14 sich mit der Argumentationsstruktur von 50/09 nicht befasst, sondern, als 48/14 zur maßgeblichen Erkenntnis gelangt, die *geltende Norm* erfasse auch eine negative Differenz als Verlust, sich als einzige Quelle durch bloßes Zitieren auf 50/09 stützt (**Rz 18** a.E.: *„vgl. BFH in ... BStBl II 2013, 231, unter II.2.c"*). Dies ist als Wertungswiderspruch zu beurteilen, weil 48/14 – unter Darlegung all dessen, was die *geltende Norm* (zit.) *„nicht mehr"* regele – eine Änderung der normativen Rechtslage beschreibt (oben Ziff. 1.3.1 nebst Entkräftung) um sich vor diesem Hintergrund zugleich – das immerhin ist als folgerichtiger Gedanke einzustufen – von seinen anderslautenden *Alt-Norm-Urteilen* (11/06) zu distanzieren (**Rz 15**: *„ (vgl. zu alten Rechtslage BFH v. 19.12.2007 – IX R 11/06 ... "*). Damit erwies sich der sinngemäße Vortrag des *S9*, bereits auf normativer Ebene sei eine maßgebliche Rechtsänderung eingetreten, *S9* als doppelt „nützlich":

Einmal ist es die dringend nötige Grundlage um (scheinbar) losgelöst von 50/09 eine (scheinbar) selbständig tragende Begründung aufzubauen. Außerdem ist es *S9* ein trefflicher Einwand, um sich nicht argumentativ mit seinen anderslautenden *Alt-Norm-Urteilen* auseinandersetzen zu müssen; konnte er diese doch der (zit.) *„alten Rechtslage"* zuordnen. Dies hätte auch mit der hierzu gegenläufigen Erkenntnis 50/09 geschehen müssen, weil diese ebenfalls die *Alt-Norm* auslegt und damit die – jedenfalls im Bilde von 48/14 – heuer nicht mehr auslegungsrelevante (zit.) *„alte Rechtslage"* beschreibt. Diese Konsequenz zieht *S9* aber nicht, weil *S9* ohne Abstützung auf 50/09 nicht auskommt: *S9* verwendet 50/09 nämlich als alleinige Rechtsquelle, um nachzuweisen, (auch) die *geltende Norm* erfasse eine negative Differenz als Verlust (**Rz 18**, fünfter Satz). Damit knüpft *S9* unmittelbar an seine geänderte Auslegung (50/09) zur *Alt-Norm* an, um daraus – unter Hinweis auf Literatur, die sich, bis auf zwei Ausnahmen, ebenso auf 50/09 stützt (Quellen in **Rz 18**, vierter Satz, a.E) – im nächsten und letzten Gedankenschritt das Auslegungsergebnis zu verkünden: Verfalls-Verluste seien – auch im geltenden Recht – steuerbar (**Rz 18**, vierter Satz).

Ungeachtet dieses Wertungswiderspruches, der am Ende ohnedies keine Bedeutung erlangt, weil es, anders als *S9* in 48/14 vorträgt, bereits an einer sachlichen Änderung der Primärrechtsquelle (des Gesetzes) fehlt (Ziff. 1.3.1), müsste sich also, wollte 48/14 zu halten sein, die Erkenntnis 50/09 als belastbare Sekundärrechtsquelle (Rechtsprechung) qualifizieren, weil sich – die allesamt schon unter Ziff. 1. entkräfteten Nebenargumente des *S9* einmal beiseite legend – ebendiese Berufung auf 50/09 als Kern der Begründung von 48/14 offenbart.

2.1 Der Auslegungswandel: 50/09

Mit seinem Urteil 50/09 hat *S9* seine traditionelle Auslegung zu dieser Rechtsfrage (*Alt-Norm-Urteile*) stillschweigend aufgegeben. Im Streitfall hatte der Kläger „Verluste" durch Nichtausübung (Verfallenlassen) von Kauf- und Verkaufsoptionen erzielt, die *S9* steuermindernd zum Abzug brachte, weil *S9* – damit erstmals – zur Einsicht gelangte, die Aufwendungen für die wertlos gewordenen Optionen seien als Werbungskosten bei der Ermittlung der Einkünfte aus Termingeschäften nach § 22 Nr. 2 i.V.m. der *Alt-Norm* zu berücksichtigen. *S9* trägt im Wesentlichen vor, das Gesetz erfasse auch eine negative Differenz als Verlust, weshalb das Nichtausüben einer wertlosen

Option (auch wegen des Gebots der Gleichbehandlung des Gleichartigen) ebenso steuerbar sei. Die Leistungsfähigkeit des Steuerpflichtigen sei auch bei Verfall einer Option um die aufgewandten Optionsprämien gemindert und dieser „Nachteil" sei durch die Wertentwicklung des Bezugsobjekts ausgelöst. Mithin werde das Recht auf einen Differenzausgleich, Geldbetrag oder Vorteil auch dann im Sinne der *Alt-Norm* beendet, wenn ein negativer Differenzausgleich durch Nichtausüben der Option vermieden werde mit der Folge der Abziehbarkeit der Optionsprämien als Werbungskosten gemäß § 23 Abs. 3 Satz 5 EStG. *S9* entwickele seine Rechtsprechung diesem Sinne fort.

2.2 50/09 am Maßstab des Gesetzeswortlautes

„Neu" war sonach die Aussage des *S9*, auch der durch Verfallenlassen einer wertlosen Option entstandene Verlust sei steuerlich anzuerkennen. Dieser Befund steht jedoch schon im Widerspruch zum eindeutigen Wortlaut der *Alt-Norm*: Gemäß § 22 Nr. 2 EStG a.F. gehören zu den sonstigen Einkünften auch Einkünfte aus privaten Veräußerungsgeschäften im Sinne des § 23 EStG a.F. Nach der *Alt-Norm* sind private Veräußerungsgeschäfte Termingeschäfte, durch die der Steuerpflichtige einen Differenzausgleich oder einen durch den Wert einer veränderlichen Bezugsgröße bestimmten Geldbetrag oder Vorteil erlangt, sofern der Zeitraum zwischen Erwerb und Beendigung des Rechts auf einen Differenzausgleich, Geldbetrag oder Vorteil nicht mehr als ein Jahr beträgt (Satz 1). Zertifikate, die Aktien vertreten, und Optionsscheine gelten als Termingeschäfte im Sinne des Satzes 1 (Satz 2).

Bei den nicht ausgeübten Optionen im Falle von 50/09 handelte es sich um derartige Termingeschäfte. Hieraus machte der Kläger Verluste aus verfallenen Kaufoptionen sowie Verluste aus verfallenen Verkaufsoptionen zur Verrechnung geltend. Er hätte bei entsprechender Entwicklung der Basiswerte einen Anspruch auf einen Differenzausgleich gehabt. Zwar waren nach der *Alt-Norm* nicht nur Gewinne des *OK* zu erfassen. Die Ausnahme (steuermindernder Ansatz von Verlusten) – insoweit ist dem *S9* möglichenfalls noch zu folgen – würde die *Alt-Norm* wohl auch bei der Durchführung eines Differenzgeschäfts zulassen, welches tatsächlich zu einem für den *OK* negativen Differenzausgleich führen würde. Bedenken ergeben sich zwar schon aus dem Wortlaut der Norm (hier nur: Hs. 1) selbst, weil, *G* „*Differenzausgleich … erlangt"* notiert und im selben Hs. 1 zugleich „*Vorteil erlangt"* diktiert, wobei „*erlangt"* am Ende des Hs. 1 steht, also – wie soeben kursiv zusammengefasst – in Verbindung zu „*Differenzausgleich"* und „*Vorteil"* steht.

Dies verleitet den unverbildeten Leser zu der Annahme, *G* sehe „*Differenzausgleich"* und „*Vorteil"* im selben Kontext und *G* meine also, der *OK* müsse etwas erhalten und nichts gezahlt haben: Ein Vermeiden eines negativen Barausgleich durch Nichtausüben der Option, wie *S9* es ausdrückt, ist jedenfalls leere Theorie (gleichsam: Fiktion), denn jedermann (und so auch *S9!*) weiß: Solche Verluste ergeben sich allenfalls bei den Festgeschäften. Einen (negativen) Barausgleich zahlt ein *OK* niemals, denn ein vernünftig handelnder *OK* lässt die Option verfallen und ausbuchen. Die Besonderheiten bei derartigen Geschäften bestehen nämlich darin, dass der *OK* bei Eintritt einer bestimmten Bedingung – etwa Erreichen eines bestimmten Börsenkurses einer Ware oder eines bestimmten Kurswerts einer Währung (Basisgeschäft) – einen

Wertausgleich entweder erhält oder zahlen muss (Barausgleich, gelegentlich Differenzausgleich genannt). Das Geschäft ist somit an die Entwicklung eines Basisgeschäfts gekoppelt. An der Durchführung des Basisgeschäfts selbst haben beide Kontrahenten (*OK* bzw. *SH*) in den meisten Fällen kein Interesse.

Der Erfolg des Geschäfts hängt von der jeweiligen Vertragsgestaltung bzw. Ausgestaltung des Geschäfts, den Wertentwicklungen hinsichtlich des Basisgeschäfts sowie insbesondere von dem Spekulationsgeschick des Käufers des Produkts ab: Verläuft das Geschäft günstig, erhält der „Spekulant" den Differenzausgleich. Verläuft es ungünstig, muss er den Differenzausgleich zahlen oder das Produkt verfällt und wird damit wertlos. Aufgrund dieser Besonderheiten ist evident und entspricht es der Vorauslegung des *S9* (11/06 und 69/07), dass der Verfall von Optionen nicht von der *Alt-Norm* umfasst war. 50/09 geht auf die Möglichkeit einer Auslegung nach dem Wortlaut der Norm aber gar nicht erst nicht ein, obgleich dies vor allem mit Blick auf die vorangehende Rechtsprechung des *S9* (11/06 und 69/07) im Sinne einer Gesamtabwägung aller möglichen Auslegungsoptionen dringend geboten gewesen wäre.

Damit übergeht *S9* mit 50/09 eine naheliegende Auslegungsmöglichkeit (Semantik), von der *S9* etwa in 11/06 in markanter Weise („*eindeutiger Wortlaut*") Gebrauch gemacht hatte. Anders gewendet: Die auch wortlautorientierte *S9*-Einsicht-11/06 würdigt (a) die Eigentümlichkeiten dieser Geschäfte wie (b) die Gegebenheiten des Marktes (lebensnahe Jurisprudenz), während 50/09 (a) den Wortlaut der *Alt-Norm* überhaupt nicht würdigt, (b) die Gegebenheiten am Markt vermittels einer Fiktion verklärt (50/09: vermeintlich verhinderter Nachteil durch Nichtausüben der Option) und sich (c) in lebensferner Theorie – das wird noch eingehend zu besprechen sein – verfängt.

2.3 50/09 im Kontext mit *Alt-Norm-Urteilen*

2.3.1 Zum Auslegungswandel

Diesem Weglassen naheliegender Auslegung gibt *S9* eine stillschweigende Rechtsprechungsumkehr hinzu: 50/09 kehrt die – rechtslogisch gut nachvollziehbare – Einsicht der *Alt-Norm-Urteile* des *S9* (11/06 und 69/07) faktisch um ohne diesen Wandel kenntlich zu machen. Diese vollends fehlende Kennzeichnung als Auslegungswandel ist deshalb so evident auffällig, weil 50/09 im direkten Widerspruch zur einschlägigen wie ständigen Vorauslegung des *S9* (nämlich zu: 11/06 und 69/07) aber auch – mittelbar – zu den beiden *S9*-Beschlüssen IX B 110/09[99] und 154/10 steht[100]. Doch nicht nur dieses Ausblenden eine naheliegenden Auslegungsoption (Semantik: Ziff. 2.2) und das Stillschweigen des *S9* über das Vorliegen einer Rechtsprechungsumkehr sondern auch der Umstand, dass 50/09 (in jeder einzelnen Aussage) kryptisch bleibt, machen die Einsicht 50/09 derart bemerkenswert im Sinne einer einwandfrei verfehlten Auslegung. Zu den – allesamt methodisch verfehlt vorgetragenen – Argumenten des *S9* im Einzelnen:

---

99   BFH v. 13.1.2010, IX B 110/09, BFH/NV 2010, 869.
100 Zur Kritik bereits: *Stein* (Fn. 8), 40 f.

2.3.1.1 Aspekt der Gleichbehandlung

Dies gilt zunächst für den vom *S9* zur Begründung herangezogenen Aspekt der Gleichbehandlung (Art. 3 Abs. 1 GG). Zwischen der Zahlung eines – allenfalls denkbaren – negativen Barausgleichs (Differenzausgleichs) zusätzlich zu den Anschaffungskosten der Optionen und dem Verfallenlassen der Option (bisher keine Anerkennung des Verlustes (Ziff. 2.3.1), besteht ein signifikanter Unterschied. Es handelt sich um verschiedene Sachverhalte, welche das Gesetz folgerichtig unterschiedlich behandelt: Das (bloße) Verfallenlassen der Option durch den *OK* führt steuerlich nicht zu einem Verlust, weil der *OK* damit weder einen „Vorteil" noch einen „Nachteil" in Gestalt eines (positiven oder negativen) Differenzausgleichs erlangt. Die Zahlung oder der Erhalt eines Barausgleichs ist als tatsächlicher Vorgang, auf welchen das Gesetz auch nur zugreift, gerade nicht gleichzusetzen mit dem bloßen Erlöschen einer Rechtsposition (hier: Verfall der Optionsrechtes infolge Nichtausübung). Die Betrachtung des *S9* setzt also ungleiche Sachverhalte miteinander steuerrechtlich gleich und zweckentfremdet damit das von ihm angeführte (zit.) *„Gebot der Gleichbehandlung des Gleichartigen (Art. 3 Abs. 1 des Grundgesetzes)"* evident folgewidrig als Hebel gegen das Gesetz.

2.3.1.2 Im Fokus von *Alt-Norm* und *geltender Norm*: Barausgleich oder sonstiger Vorteil

Die im 50/09-Streitjahr 2000 (wie 1999) gültige *Alt-Norm* setzte voraus, dass der *OK* mit einem Termingeschäft einen Differenzausgleich oder einen durch den Wert einer veränderlichen Bezugsgröße bestimmten Geldbetrag oder Vorteil „erlangt". *S9* hatte (siehe etwa: 11/06) in diesem Sinne für die Anerkennung des Verlustes regelmäßig darauf abgestellt, dass der *OK* vermittels des erworbenen Rechts *„tatsächlich einen Differenzausgleich erlangt hat"* (Ziff. 2.3.1). Es musste also ein *„erlangt"*, mithin ein Basisgeschäft tatsächlich durchgeführt worden sein. Ein allenfalls denkbarer Nachteil war sonach ersichtlich gerade nicht Teil des *Alt-Norm*-Tatbestandes. Zwar kann dieser Differenzausgleich auch negativ sein, allerdings nur bei Festgeschäften (Futures an der EURX und Forwards außerbörslich).

Nach der Rechtsnatur der Optionsgeschäfte steht die Ausübung des Rechts allein dem *OK* zu und es entspricht dem üblichen Ablauf, dass eine tatsächliche Ausübung des Rechtes nur erfolgt, wenn dies für den *OK* von Vorteil ist. Im Fall des *S9* (50/09) hatte der Kläger bezüglich der dort in Rede stehenden Optionen aber weder einen Barausgleich noch sonstigen Vorteil erlangt. Diese Beurteilung – schon die *Alt-Norm* meinte mit „*Vorteil*" nur einen tatsächlich erlangten Vorteil – hat sich auch im Normgefüge geltenden Rechts manifestiert. Etwa § 20 Abs. 4 EStG offenbart dies, denn Satz 5 greift ebenso wie die *Alt-Norm* und die *geltende Norm* nur den „Vorteil" auf. Hätte *G* etwas anderes gewünscht, so hätte *G* vermittels entsprechender Definition der Gewinnermittlung bestimmt, dass auch der „Nachteil" Einfluss auf die Ermittlung der Einkünfte haben kann, wie *G* dies etwa in § 20 Abs. 4 Satz 1 EStG diktiert hat. Danach ist

„Der Gewinn der Unterschied zwischen den Einnahmen aus der Veräußerung abzüglich der Aufwendungen im unmittelbaren Zusammenhang und den Anschaffungskosten".

Der Gewinn kann danach auch negativ sein (Verlust). Diese jeweils eigenständigen Einkünfteermittlungsvorgaben einschließlich ihrer verschiedenen Termini „*Vorteil*" (Satz 5) und „*Einnahmen*" (Satz 1) eröffnen das diesbezügliche Unterscheidungsinteresse des G. Nachteile hat G dabei nicht angeführt. Also auch nach *geltender Norm* ist der Vorteil nicht zugleich ein Nachteil[101]. Fehlt es aber schon (an einem Geldbetrag oder) Vorteil, von dem etwas abgezogen werden könnte (Nettoprinzip), so fehlt es an dem gesetzlichen Tatbestandsmerkmal für die Ermittlung eines Verlusts[102]. Das Studium der Gesetzesbegründung führt – anders als S9 dies suggeriert – ebenso zu keiner besseren „*Vorteils*"-Erkenntnis: S9 führt zwar an, G wollte mit der geltenden Norm

„Wertzuwächse zukünftig unabhängig von dem Zeitpunkt der Beendigung des Rechts als steuerbar behandelt wissen (so ausdrücklich BT-Drucks 16/4841 S. 55) und damit alle Vorteile und Nachteile des Steuerpflichtigen bei Termingeschäften erfassen."
(Rz 16 Satz 1).

Für die erste Behauptung findet S9 in den Gesetzesmaterialien eine Begründung, während die zweite Behauptung einer entsprechenden Fundstelle entbehrt. Letzteres ist nicht wunderlich, weil die zweite Behauptung nicht dem Willen des G entspricht: Es widerspricht dem eindeutigen Wortlaut der *geltenden Norm* wie dem Begriff des „*Vorteils*", zusätzlich einen Nachteil zu erfassen.

2.3.1.3 Optionswahlrecht: Kein „*Vorteil*"

Damit widersprach S9 bereits in 50/09 dem eindeutigen Wortlaut der *Alt-Norm*, wenn er unter dem Begriff des Vorteils zusätzlich einen fiktiven Nachteil erfasste. Ein Vorteil im Sinne der *Alt-Norm* wie der *geltenden Norm* könnte auch nicht darin gesehen werden, dass dem Kläger als Erwerber der Option ein Wahlrecht zwischen Ausübung und Nichtausübung der Option zustand. Zwar war es für den (jeweiligen) Kläger vorteilhaft gewesen, die optionalen Wertpapierkäufe bei gegenläufiger Kursentwicklung nicht durchführen zu müssen. Indessen liegt darin nicht bereits die Erfüllung des Tatbestandes der *Alt-Norm*. Denn der rechtliche und wirtschaftliche Vorteil des Klägers (OK) in Gestalt des Wahlrechts ist nicht als Folge des Werts der veränderlichen Bezugsgröße entstanden. Das Wahlrecht des OK, die Option auszuüben oder nicht, beruht vielmehr auf dem zivilrechtlich determinierten Charakteristikum des Optionsgeschäftes (Rechtsnatur der Option) und ist keine rechtliche oder wirtschaftliche Folge des Termingeschäfts.

2.3.1.4 Aspekt der Leistungsfähigkeit und der vom Gesetz erwartete Vorteil

S9 beruft auch auf den Grundsatz der Besteuerung nach der Leistungsfähigkeit. Die Leistungsfähigkeit des Steuerpflichtigen sei um die aufgewandten Optionsprämien auch dann gemindert, wenn die Option nicht ausgeübt werde und verfällt. Hierbei verkennt S9 jedoch, dass der Grundsatz der Besteuerung nach der Leistungsfähigkeit eine tatbestandliche Erfassung des in Rede stehenden Vorgangs zur Voraussetzung hat und daran fehlt es gerade: Nach dem in § 2 Abs. 2 EStG einfachgesetzlich[103] veran-

---
101 *Stein* (Fn. 8), 30.
102 *Schlüter*, DStR 2000, 226, 228, li. Sp.
103 Zu dieser Verortung zuletzt: BFH v. 26.2.2014, I R 59/12, BStBl II 2014, 1016.

kerten objektiven Nettoprinzip mindern grundsätzlich alle Ausgaben bzw. Aufwendungen die der Begründung oder Sicherung einer Erwerbsquelle dienen, das steuerbare Einkommen. Weil das Gesetz bei den hier in Rede stehenden Termingeschäften aber nur einen tatsächlich erlangten Vorteil für Zwecke der Besteuerung aufgreift, kann ein Hinweis auf das objektive Nettoprinzip (als Bestandteil des allgemeinen Leistungsfähigkeitsprinzips) keine steuerliche Abziehbarkeit verfehlt aufgewandter Optionsprämien begründen.

Wollte man dem *S9* insoweit gleichwohl folgen, würde sich die Besteuerung nicht mehr am eindeutigen Wortlaut sowie dem ersichtlichen Willen des *G* orientieren. Schließlich gibt es bei dieser Art von Geschäften keine Erwerbsquelle im quellentheoretischen Verständnis, weil das Gesetz zuvor abschichtet: Geschäft für Geschäft wird einzeln „gesichtet" um die verfallenen Optionen auszusortieren („die Guten ins Töpfchen die Schlechten ins Kröpfchen"). Dieses Aussortieren bewirkt eine vom *G* so gewollte (siehe etwa Ziff. 4.1) Gewinnfallbesteuerung. Die *Alt-Norm* setzt, wie erwähnt, voraus, dass der *OK* das Basisgeschäft durchführt, andernfalls, nämlich bei Verfall, hat der *OK* durch das Termingeschäft *nichts* „erlangt". Im Falle des *S9* (50/09) hatte der Kläger die dort in Rede stehenden Optionen unstreitig *nicht* ausgeübt. Das jeweilige Basisgeschäft wurde *nicht* durchgeführt und mit dem Verfall der Optionen hatte der *OK* (Kläger) durch Termingeschäfte *nichts* erlangt. Der *OK* hatte also auch keinen Nachteil im Sinne der *Alt-Norm* erlangt. Bei diesem Sachverhalt lag dem *S9* ersichtlich kein Geschäft im Sinne der *Alt-Norm* vor (bereits: 11/06 und 69/07).

2.3.1.5 Falsche Fallgruppe: Unbehilfliche Berufung auf *SH*-Urteile

Es ist ständige Übung des BFH, nur die in allen wesentlichen Sachverhaltselementen identischen Fälle (Fallgruppe) in späterer grundlegend gleichgelagerter Entscheidung als Präjudizien heranzuziehen (Ziff. 2.3.2.2.a). Unerfindlich bleibt deshalb, weshalb *S9* zur Umkehr seiner Rechtsprechung „*insbesondere*" die beiden Urteile IX R 40/06[104] und IX R 68/07[105] bemüht (zitiert), in denen es um den von einem *SH* zu leistenden Barausgleich bzw. um eine Prämie, die ein *SH* für die Optionseinräumung erhielt, ging. *S9* beruft sich damit in 50/09 auf Entscheidungen zu einer Fallgruppe, die eine andere Problematik, nämlich das Verhältnis von *SH* (§ 22 Nr. 3 EStG a.F.) und Inhabergeschäften (§ 22 Nr. 2 i.V.m. der *Alt-Norm*) betrifft[106]. Ein solches Fehlzitat, nämlich (auch) auf die Entscheidung IX R 40/06, hatte *S9* bereits in 154/10 angebracht und ebendieses Fehlzitat paradoxerweise zunächst (a) zur Bestätigung seiner eigenen Auslegung[107] wie derjenigen des BMF[108] und sodann (b) fünf Monate später (50/09) ausgerechnet zur Umkehr seiner Rechtsprechung angeführt.

---

104 BFH v. 17.4.2007, IX R 40/06, BStBl II 2007, 608.
105 BFH v. 13.2.2008, IX R 68/07, BStBl II 2008, 522.
106 Vgl. *Meinert/Helios*, DStR 2013, 508, 510 li. Sp.; Niedersächsisches FG v. 20.5.2014, 12 K 421/13, Rdn.: 32, 34 und 46 (nachgehend: 20/14).
107 154/10: *„Damit hält der Senat an seiner Rechtsprechung fest, wie dies auch in seinem Beschluss in BFH/NV 2010, 869 zum Ausdruck kam."*
108 154/10: *„gl.A. BMF-Schreiben in BStBl I 2001, 986, Tz 18 und 23"*.

2.3.2 Grundsatz der Rechtskontinuität

Der sog. Kontinuität der Rechtsprechung dient der von Art. 20 Abs. 3 GG umfassten Rechtssicherheit[109] und wie erwähnt kehrte *S9* seine gefestigte Rechtsprechung stillschweigend um (Ziff. 2.3.1).

2.3.2.1 Das „vergessene" Gebot der Rechtskontinuität

Ebenso stillschweigend übergeht *S9* in 50/09 seine in zahlreichen anderen Entscheidungen zu den Optionsgeschäften gegebenen Hinweise zur Bedeutung der Rechtskontinuität[110]. Auch in der Sache selbst stellt *S9* nicht heraus, wie *S9* seine gewandelte Rechtsprechung (50/09) mit seiner bisherigen Spruchpraxis (Ziff. 2.3.1) in Einklang bringen könnte

2.3.2.2 An den Grenzen der Rechtsfortbildung

In den vorbezeichneten Widersprüchen ist ein Bruch mit den anerkannten Regeln der juristischen Auslegungslehre zu sehen. Hierzu weiter im Einzelnen:

a) Präsumtive Bindung an Präjudizien

Richterlicher Auslegungswandel ist – als eine Form der Rechtsfortbildung – schon mit Blick auf die Gefahr kritikloser Nachahmung grundsätzlich zulässig. Sonach kann ein Gericht ohne Verstoß gegen die Bindung an Recht und Gesetz von seiner eigenen früheren Rechtsprechung abweichen, auch wenn keine wesentliche Änderung der Verhältnisse oder allgemeinen Anschauungen eingetreten ist[111]. Die Grenze dieser richterlichen Freiheit ist jedoch bei einem Verstoß gegen das Recht auf Rechtsanwendungsgleichheit erreicht, welcher etwa vorliegt, wenn die Änderung der Rechtsprechung willkürlich ist[112].

aa) Die Entscheidung 50/09 bildet wie erwähnt (Ziff. 2.3.1) eine Umkehr der Rechtsprechung des *S9* ab. Absehbar war dieser Sinneswandel nicht, weil *S9* in seinem lediglich fünf Monate zuvor in 154/10 auch unter Hinweis auf gebotene Rechtskontinuität ausgeführt hatte, er halte an seiner bisherigen Rechtsprechung fest (vgl. Ziff. 2.3.1.5 a.E.).

bb) Neben der fehlenden Vorhersehbarkeit dieses Sinneswandels des *S9* ist zu beanstanden, dass dieser mit Fehlzitaten (Ziff. 2.3.1.5) und einer fehlerbehafteten Feststellung des Sachverhaltes (Ziff. 2.3.2.2.b) einen Auslegungswandel „begründet", welcher obendrein auf einem „Verschweigen" anderslautender *OK*-Fallgruppen-Rechtsprechung des *S9* (Ziff. 2.3.1) beruht. Damit hat *S9* die Voraussetzungen, welche die Rechtsprechung des BVerfG und des BFH an einen Auslegungswandel knüpft, ersichtlich nicht erfüllt: Statthaft ist ein Auslegungswandel, wenn eine Rechtserkenntnis besserer Einsicht weichen muss[113]. An dieser Hürde scheitert *S9* deshalb, weil *S9* keine bessere Erkenntnis anführt. Noch 11/06 argumentiert mit dem „*eindeutigen Wortlaut*" des Ge-

---

109 Etwa: BFH v. 24.4.2012, IX B 154/10, BStBl II 2012, 454.
110 Zuletzt wieder: BFH v. 11.2.2014, IX R 10/12, BFH/NV 2014, 1020; BFH v. 11.2.2014, IX R 46/12, BFH/NV 2014, 1025; BFH v. 10.2.2015, IX R 8/14, BFH/NV 2015, 813.
111 BVerfG v. 15.1.2009, 2 BvR 2044/07, BVerfGE 122, 248.
112 BVerfG v. 4.8.2004, 1 BvR 1557/01, NVwZ 2005, 81.
113 BFH v. 17.12.2007, GrS 2/04, BStBl II 2008, 608, Rdnr. 96, m.w.N.: „*gewichtige sachliche Erwägungen*".

setzes: Ein auf dem Basisgeschäft beruhender „*Vorteil*" fehle, wenn der *OK* von seinem Recht auf Differenzausgleich keinen Gebrauch mache und die Option verfallen lasse.

Noch in 154/10 hatte *S9* seiner Rechtsprechung deren Verfassungskonformität sowie die Beachtung der Gesetzessystematik bescheinigt. Schon mit diesen beiden Entscheidungen hatte *S9* für seine Rechtsfindung zwei dominierende Auslegungsinstrumente, nämlich Wortlaut (11/06) und Systematik (etwa: 154/10, 11/06) treffend verwendet. Wenn danach – so *S9* – eindeutig zu beurteilen war, dass ein Abzugsverbot für Prämien verfallener Optionen dem Gesetzeswortlaut sowie der Gesetzessystematik entsprach und dieses Verbot auch keinen Bedenken in Richtung Verfassung begegnete, hätte 50/09 erklärend darlegen müssen, weshalb die *Alt-Norm-Urteile* (11/06 und 69/07, Ziff. 2.3.1) einer treffenden Rechtsfindung nicht mehr dienlich sein können.

An alledem fehlt es in der Begründung in 50/09 und es ist nicht ins Ermessen des *S9* gestellt, ob er eine Loslösung von seinen einschlägigen Präjudizien begründen möchte. Gehört es doch zum geschützten Bestand der Rechtstheorie, dass neben den primären Rechtsquellen (lies § 4 AO), auch das höchstrichterliche Richterrecht mehr als nur eine faktische Bindung erzeugt. Gerichte müssen sich deshalb mit den früheren einschlägigen Urteilen befassen (subsidiäre bzw. präsumtive Befolgungspflicht), weil die Präjudizien der Gerichte „nur" sekundäre Rechtsquellen sind[114]. Deshalb soll ein oberster Gerichtshof des Bundes von seiner bisherigen Rechtsprechung nicht abweichen, wenn sowohl für die eine als auch für die andere Ansicht gute Gründe sprechen[115]. Eine Abweichung ist nur geboten und frei von jeder Willkür, wenn gewichtige und klar überwiegende Gründe für eine andere Auffassung sprechen[116]. *S9* indessen verzichtet in 50/09 auf eine Auseinandersetzung mit seiner eigenen anderslautenden Vorauslegung (11/06 und 69/09) und benennt diese nicht einmal (als solche).

Dieses Gebaren des *S9* ist zu tadeln, weil es den Grundfesten unserer Rechtsordnung rüttelt: Eine argumentative Bezugnahme auf einschlägige Vorauslegung des erkennenden Bundesgerichts entspricht (a) dem Postulat der Gleichbehandlung des Gleichen (hier: Rechtsanwendungsgleichheit innerhalb einer Fallgruppe), (b) der Forderung nach Erkennbarkeit der Rechtslage und (c) der Voraussehbarkeit richterlicher Entscheidung als Voraussetzungen der Rechtssicherheit.

cc) Die Maßgabe, nach der das Gesetz – hier das Steuergesetz – ausgelegt werden soll, ist nicht im Einzelnen kodifiziert. Bei den bekannten Auslegungsregeln handelt es sich vielmehr um Rechtsprechung und Lehre. Das Gesetz fordert „nur" die Tatbestandsmäßigkeit der Besteuerung (Art. 20 Abs. 3 GG; § 3 Abs. 1 AO). Folglich ist es dem Obergericht gestattet, einen Beurteilungswandel auch in Bezug auf einzelne Auslegungsgrundsätze herbeizuführen. Insoweit obliegt dem Obergericht eine nahezu alleinige Deutungshoheit, zumal es an die herrschende Lehre nicht gebunden ist. Indessen bedarf ein „Rütteln" an den tradierten Auslegungsvorgaben nachvollziehbarer Begründung bezüglich des in Rede stehenden Auslegungskriteriums denn es darf – Rechtsanwendungsgleichheit – kein grundlegendes Auseinanderdriften der Auslegungsrecht-

---

114 Nachweise etwa bei: *Möllers/Fekonja*, ZGR 2012, 777, 785, dort Fn. 47, 48, 49 und 50.
115 BSG v. 29.10.1975, 12 RJ 290/72, BSGE 40, 292, LS 2.
116 BFH v. 17.12.2007, GrS 2/04, BStBl II 2008, 608, Rdnr. 96, m.w.N.: „*gewichtige sachliche Erwägungen*".

sprechung geben. Auch ein solcher Wandel darf sich also nicht stillschweigend vollziehen. Zwar eröffnet das im angelsächsischen Recht beheimatete „prospective overrulling" einem Richter, der ein einschlägiges Präjudiz für unrichtig hält, die Möglichkeit, das bisherige Präjudiz zu verwerfen und ohne Anknüpfung an die bisherige Rechtsprechung eine Entscheidung zu fällen. Die kontinentaleuropäischen Rechtsordnungen sehen dergleichen jedoch (grundsätzlich) nicht vor und das Vorbild in Sachen präsumtiver Präjudizienbindung ist der EuGH, welcher stets umfänglich auf seine einschlägige Rechtsprechung Bezug nimmt. Wollte S9 bezüglich der Auslegungskriterien also einen Auslegungswandel in Richtung „prospective overrulling" einleiten, so müsste er dies auch transparent machen, also erkennbar in diese Richtung argumentieren. Überhaupt würde derlei neues Auslegungsverständnis alle fünf obersten Gerichtshöfe berühren. Zumindest jedoch müsste S9 den Großen Senat des BFH um Zustimmung ersuchen, denn bis heute ist S9 an die Erkenntnisse des GrS des BFH gebunden. Dieser hatte sich mit seiner richtungsweisenden Entscheidung vom 17.12.2007[117] dafür ausgesprochen, dass in einem umfassenden Abwägungsprozess zwischen den für eine höchstrichterliche Rechtsprechungsänderung streitenden sachlichen Gründen und dem öffentlichen Interesse an einer stetigen Rechtsprechung unterschieden werden muss. Dieser Betrachtung des GrS liegt eine grundlegende Hinwendung zum Vertrauensschutzprinzip gegenüber der höchstrichterlichen Rechtsprechung zu Grunde. Faktisch jedes Urteil des BFH begründet eine dementsprechende Vertrauensbasis (präsumtive Bindung an Präjudizien). Damit ist S9 nicht so frei, den ihm vorgelegten Fall unter gänzlichem Verzicht auf eine Befassung mit seiner einschlägigen Vorauslegung (hier: Fallgruppe OK) zu lösen. Die S9 übertragene Aufgabe der Rechtsfortbildung kann S9 nicht ohne eine Anbindung an das Vertrauensschutzprinzip wahrnehmen und selbst wenn S9 der Ansicht wäre, eine Ausnahme vom Vertrauensschutzprinzip sei geboten, müsste S9 dies nachvollziehbar begründen. Allein 50/09 argumentiert nicht ansatzweise in diese Richtung.

b) Verfehlte Feststellung des Sachverhaltes

aa) Die Wette: Beispiel mit zwei Varianten

Der „Begründungskern" der Entscheidung 50/09 beschränkt sich auf ein „Wett-Beispiel"[118] und dessen Erläuterung. Dieses entfaltet sich deshalb als Kern der Begründung, weil S9 daraus die entscheidungstragende Erkenntnis zieht, nämlich die Abziehbarkeit der Prämie als Werbungskosten. Das von S9 vorgestellte Beispiel – eine gegriffene Währungsspekulation, die auf einen fallenden Eurokurs setzt – ist ohne Bezug zum Entscheidungssachverhalt und sieht zwei Sachverhaltsvarianten vor: Einmal hat der OK bei dieser Spekulation „Glück gehabt"[119], einmal hat er „Pech gehabt"[120]. Die „Glücks-Variante" sieht vor, das der Steuerpflichtige von der Bank einen Barausgleich erhält. Die von S9 hierzu angebotene Lösung ist so einfach wie richtig: Der „Glückspilz"

---

117 BFH v. 17.12.2007, GrS 2/04, BStBl II 2008, 608, Rdnr. 96, m.w.N.: „gewichtige sachliche Erwägungen".
118 50/09, Rdnr. 19 ff.
119 50/09, Rdnr. 20.
120 50/09, Rdnr. 21.

muss „sein Glück" (den Barausgleich gemäß der *Alt-Norm* versteuern und darf zuvor die Prämien (gemäß § 23 Abs. 3 Satz 5 EStG a.F.) als Werbungskosten abziehen. In der zweiten Sachverhaltsvariante hat sich der *OK* verspekuliert („Pech gehabt"). Die von *S9* hierzu angebotene Lösung verwendet eine Fiktion: Die „Pech-Variante" – ein vergleichbarer Fall lag *S9* zur Entscheidung vor – endet so, dass die Option verfällt, weshalb die Bank sie als wertlos ausbucht. Diese Variante bezeichnen wir hier als „Pech-Realität".

bb) Die Wette: Unzulässige Sachverhaltsfeststellung vermittels Fiktion

Die Lösung des *S9* zu dieser Sachverhaltsvariante („Pech-Realität") lässt sich denklogisch aber nicht nachvollziehen. *S9* trägt nämlich vor, der *OK* („Pechvogel") könne in diesem Falle die Prämie als Werbungskosten abziehen[121]. Zu diesem Ergebnis gelangt *S9* nur deshalb, weil *S9* zuvor eine Fiktion, wir nennen sie hier „Pech-Fiktion", verbaut. Deren Fundament bildet *S9* mit seiner Lösungseinleitung:

„Erfüllt sich seine (Verf.: des Steuerpflichtigen) Hoffnung aber nicht, ... führte das Basisgeschäft zu einer negativen Differenz".

Bereits in dieser Formulierung („*führte das Basisgeschäft zu einer negativen Differenz*") steckt eine Behauptung, die so nicht zutrifft. Denn das Basisgeschäft führt nur dann zu einer negativen Differenz, wenn der „Pechvogel" (nicht „bei Sinnen" wäre und) das Geschäft auch tatsächlich ausführt, indem er den *SH* „ohne Not" auszahlt[122]. Dies erkennt auch *S9* und erläutert dies so:

„Indes ist die Option wertlos und kein wirtschaftlich Denkender würde sie ausüben. Deshalb bucht sie die Bank als wertlos aus."

Die Lösung zieht *S9* allerdings nicht aus der von ihm gebildeten Sachverhaltsvariante „Pech-Realität" sondern aus der – wie *S9* selbst ausführt[123] – nicht vorstellbaren Sachverhaltsverhaltsvariante „Pech-Fiktion". *S9* formuliert die sich aus seiner Fiktion ergebende Konsequenz wie folgt:

„Würde es [Verf.: das Geschäft] *durchgeführt, könnte K diesen Verlust geltend machen und überdies die Werbungskosten in Gestalt der Prämie absetzen".*

Einen Teil dieser Lösung (nämlich: „*Werbungskosten in Gestalt der Prämie absetzen*") überträgt *S9* auf die Sachverhaltsvariante „Pech-Realität":

„Die Kosten für den Erwerb der Forderung ... sind als Werbungskosten ... abziehbar".

S9 nimmt an dieser Stelle eine Gleichsetzung von Realität (Option verfällt wertlos) und Fiktion (das Geschäft könnte mit weiteren Verlusten ausgeführt werden) vor: Die Varianten „Pech-Realität" und „Pech-Fiktion" setzt *S9* dadurch einander gleich, indem er beiden Varianten dieselbe „Prämien-Lösung", nämlich den Werbungskostenabzug der Prämien, zuteil werden lässt. Erhebliche Zweifel an den Schlüssen des *S9* sind also angebracht, denn wie schon angedeutet, soll nach dieser Vorstellung des *S9* eine Fiktion die – bislang fehlende – Brücke zwischen Gesetz und Sachverhalt bilden. Die

---

121 50/09, Rdnr. 21: *„Deshalb bucht sie (Verf.: die Option) die Bank als wertlos aus. Die Kosten für den Erwerb der Forderung im Rahmen des Termingeschäfts in Höhe von 20.000 Euro sind als Werbungskosten gemäß § 23 Abs. 3 Satz 5 EStG abziehbar."*
122 Vgl. auch: Niedersächsisches FG v. 28.8.2013, 2 K 35/13, EFG 2014, 541 (nachgehend *S8* in VIII R 55/13): *„Nur bei einer vorteilhaften Veränderung des Marktes wird der Inhaber der Option diese auch ausüben".*
123 50/09, Rdnr. 21: *„Indes ist die Option wertlos und kein wirtschaftlich Denkender würde sie ausüben".*

steuerliche Lösung zu einem Sachverhalt, den ein wirtschaftlich Denkender nicht verwirklicht, ist nach der Logik des *S9* die Rechtfertigung für die steuerliche Beurteilung des *S9* (in 50/09) vorliegenden anders gelagerten Sachverhaltes:
Weil es bei einem anderen (imaginären) Sachverhalt (Fiktion) zum Abzug der Prämie kommen könnte, müsse die Prämie im Beurteilungsfalle des *S9* (verfallene Option) ebenso zum Abzug gelangen. An dieser Stelle ist ein Bruch in der Logik des *S9* zu verorten: Der zweiten Lösung (50/09, Rdnr. 21) liegt ein anderer Sachverhalt zu Grunde als derjenige, über den *S9* zu entscheiden hatte. Es gibt kein Szenario, welches eine tatsächliche Verwirklichung dieses (nur gedachten) Sachverhaltes wirtschaftlich denk- wie vertretbar erscheinen lässt. Niemand, der berechnend vorgeht, zahlt aus freien Stücken den *SH* aus. Dies sieht zwar auch *S9*[124]. Daraus zieht *S9* aber nur die Konsequenz, der Sachverhalt seines Beispiels („Pech-Fiktion") müsse zu einem lebensnahen Szenario („Pech-Realität") abgeändert werden[125]. Damit hat *S9* jedoch nicht begründet, auf welchem – rechtslogisch gangbaren – Wege *S9* seine Lösung zur Sachverhaltsvariante „Pech-Fiktion" auf den realen – ihm nämlich vorliegenden – Sachverhalt „Pech-Realität" übertragen kann. Eine solche Übertragung ist nämlich nicht denkbar: Dies erschließt sich aus dem Umstand, dass sich *S9* für Zwecke einer Gegenüberstellung zweier Sachverhaltsvarianten einen Sachverhalt ausgesucht hat, welcher sich durch eine ausgeprägte Lebensferne auszeichnet (Fiktion).

Diese Fiktion ist nicht der Normfall, den sich *G* sich bei Ausformung des Tatbestandes der *Alt-Norm* vorgestellt hat. *S9* vergleicht einen Sachverhalt, den *S9* im Urteil der Vorinstanz vorfindet („Pech-Realität"), mit einem anderen Sachverhalt, den *S9* sich zwar vorstellt, welchen es – realistisch betrachtet – jedoch nicht geben kann („Pech-Fiktion"). Sodann stellt *S9* fest: Wenn aus dem, was es nicht gibt („Pech-Fiktion"), eine Steuerminderung durch Abzug der Prämie resultiert, so müsse dies auch für das Vorgefundene („Pech-Realität") gelten. Im Ergebnis liegt darin keine rechtliche Würdigung (im Sinne teleologischer Rechtsfindung), sondern eine unzulässige Sachverhaltsfeststellung. Eine Umdeutung des realen Geschehensablaufes in einen fingierten Ablauf ist nicht zulässig. Der richterlichen Entscheidung ist der wirkliche, der verwirklichte, nicht ein fingierter Sachverhalt zu Grunde zu legen. Zwar kommt *S9* in seinem Wett-Beispiel nach seinem Gedankenspiel mit der „Pech-Fiktion" (s.o.) am Ende wieder auf den realen Sachverhalt („Pech-Realität") zurück. *S9* hat aber aus seiner vorherigen Sachverhaltsumdeutung bereits eine (für *S9* fallentscheidende) Erkenntnis „mitgebracht", so dass diese Erkenntnis aus der Ebene der Sachverhaltsfeststellung stammt, von *S9* jedoch rechtsirrig als – teleologisch gefundener – Norminhalt „verkauft" wird. Mit anderen Worten: *S9* hätte ohne diese – unzulässige – temporäre Sachverhaltsumdeutung nicht zu seinem „Auslegungsergebnis" gelangen können.

cc) Die Wette: Rechtsfindung vermittels Größenschlusses?

Heuermann[126] erklärt den in Rede stehenden Auslegungsvorgang des *S9* anders, denn *Heuermann* spricht von einem als Schluss vom Größeren auf das Kleinere (argumen-

---

124 50/09, Rdnr. 21: „*Indes ist die Option wertlos und kein wirtschaftlich Denkender würde sie ausüben*".
125 50/09, Rdnr. 21: „*Indes ist die Option wertlos und kein wirtschaftlich Denkender würde sie ausüben. Deshalb bucht sie die Bank als wertlos aus.*".
126 *Heuermann*, DB 2013, 718, 719, li. Sp.

tum a maiore ad minus) und sieht dessen Rechtfertigung im Zweck des Gesetzes (Teleologie; Ziff. 2.5), welcher im Einklang mit der Verfassung stünde (Ziff. 2.4). Ein solcher Größenschluss kann als Auslegungsinstrument herangezogen werden um eine planwidrige Regelungslücke des Gesetzes zu schließen[127]. *Heuermann* kann damit schwerlich überzeugen, weil bereits die Mittel nicht im Verhältnis maius und minus gegenüberstehen können: „Maius" ist real nicht anzutreffen; „maius" ist Einbildung[128]. *Heuermann* übersieht zugleich, dass schon die Voraussetzungen für eine Sinn- und Zweck-Auslegung nicht gegeben sind. Zu beiden Erwägungen nun im Einzelnen:

aaa) Eine planwidrige Regelungslücke besteht (nur) dort, wo das Gesetz, gemessen an seinem eigenen Ziel und Zweck, unvollständig, also ergänzungsbedürftig ist und eine Ergänzung nicht einer dem Gesetz gewollten Beschränkung auf bestimmte Tatbestände widerspricht[129]. Hier reden wir aber von einer seitens des *G* gewollten Beschränkung auf tatsächlich mit Barausgleich ausgeführte Termingeschäfte (11/06, Ziff. 2.3.1). 50/09 stellt das Vorliegen einer planwidrigen Regelungslücke auch gar nicht fest und die (von *S9* verschwiegene) anderslautende Vorauslegung 11/06 und 69/07 kennt eine Gesetzeslücke ohnehin nicht. 50/09 bringt, ohne diese näher zu erläutern, zwar vage gleichheitsrechtliche Erwägungen an, doch schon diese greifen nicht (Ziff. 2.3.1.1). Falls überhaupt von einer Gesetzeslücke gesprochen werden könnte, läge diese „im Plan" des Gesetzes (Ziff. 3.4).

bbb) Daneben ist *Heuermann's* Erklärung, der Schluss vom Größeren auf das Kleinere sei gerechtfertigt, nicht zu Ende gedacht. Dieser Größenschluss besagt: Ist das Mehr gestattet oder verboten, so erst recht das Weniger. Dieser Schluss versagt, wenn die Ziele oder Mittel nicht im Verhältnis maius und minus gegenüberstehen, sondern inkomparabel sind[130]. So liegen die Dinge hier. Einem argumentum a fortiori fehlt hier die deduktiv gültige Argumentform: Ein Argument wird (nur dann) als solches in Erscheinung treten, wenn es zu dem Umfeld passt, in welches es hineingesetzt wird und der wirtschaftlich denkende *OK* wird eine für ihn nachteilige Ausübung der Option (hier lt. *Heuermann*: das vermeintliche „Mehr") nicht in Betracht ziehen[131]. Folglich impliziert das Verfallenlassen der wertlosen Option (lt. *Heuermann*: das vermeintliche „Weniger") gerade keinen verhinderten Nachteil, weil es diesen „großen Nachteil" (hier: Ausübung der Option als vermeintliches „Mehr") real nicht gibt[132]. Fehlt es schon am maius, scheidet ein Größenschluss als Auslegungshilfe denknotwendig aus. Bezogen auf die Gruppe der *OK* hat *S9* in 50/09 deren ständige Übung (immer: Nichtausübung der Option bei deren Wertlosigkeit) nicht in seine Relation, einbezogen, weshalb sich die Konklusion des *S9* (Nichtausübung der wertlosen Option zur Vermeidung eines negativen Differenzausgleichs) als Fehlschluss herausstellt, der auch nicht als gebotener Größenschluss gerechtfertigt werden könnte.

---

127 *Drüen* in: Tipke/Kruse, AO, § 4, Tz. 371.
128 50/09, Rdnr. 21: „*Indes ist die Option wertlos und kein wirtschaftlich Denkender würde sie ausüben*".
129 *Drüen* in: Tipke/Kruse, AO, § 4, Tz. 371.
130 Etwa: BFH v. 13.5.2013, I R 39/11, BFH/NV 2013, 1284.
131 *Moritz/Strohm*, DB 2013, 603, 607, li. Sp. u.
132 50/09, Rdnr. 21: „*Indes ist die Option wertlos und kein wirtschaftlich Denkender würde sie ausüben*"

dd) Die Wette: Rechtsfindung vermittels Fallvergleiches?

Nachdem also festgestellt ist, dass die „Wett-Beispiel-Ausführungen" des *S9* (siehe oben aa) nicht als Größenschluss (siehe oben cc) sondern als unzulässige Sachverhaltsfeststellung (hier: Umdeutung des Sachverhaltes) vermittels einer Fiktion (siehe oben bb) zu verstehen sind, kann sich noch die Frage stellen, ob die in Rede stehenden Ausführungen des *S9* ihrer „Bauart nach", als zulässiger Fall- bzw. Typenvergleich (Auslegungshilfe) gewertet werden könnten. Bejahendenfalls schlösse dies eine unzulässige Sachverhaltsfeststellung aus, was sich indessen nicht bestätigen lässt: Ebenso wie der Größenschluss (siehe oben cc) ist der Fallvergleich als sonstiges Auslegungsargument anerkannt, wobei der Fallvergleich nur ein Verprobungsinstrument ist. Während beim Größenschluss zuvor eine verdeckte Regelungslücke rechtssicher festgestellt sein muss (siehe oben cc) ist die Zulässigkeit verprobender Rechtsfindung durch Fallvergleich an andere Bedingungen gebunden, welche in 50/09 ersichtlich nicht vorlagen. Im Einzelnen

Anderweitige Rechtserkenntnis: Fallvergleichung mit gedachten Fällen ist nur dann ein zulässiges Auslegungskriterium, wenn damit ein bereits anderweitig gewonnenes Ergebnis zusätzliche Überzeugungskraft gewinnen kann[133]. Die Ausführungen des *S9* zur Wette (siehe oben aa) nebst daraus gezogener Rechtserkenntnis sind das zentrale und tragende Element der Begründung in 50/09. Eine „Verprobung" anhand der klassischen Auslegungsmethoden nimmt die 50/09-Begründung des *S9* ebenso nicht vor, wie sie sich nicht mit der anderslautenden *OK*-Vorrechtsprechung des *S9* (11/06 und 69/07) aus dieser Fallgruppe (Ziff. 2.3.1) auseinandersetzt.

Vergleich mit Fiktionen: Rechtsfindung durch Fallvergleich ist unzulässig, wenn ihr ein rational nicht überprüfbarer Entscheidungs- und Vergleichsprozess zu Grunde liegt. Die Lösung in 50/08 zu einer nur gedachten Sachverhaltsvariante, welche in der Realität nicht anzutreffen ist („Pech-Fiktion"), lässt sich denklogisch nicht auf reale Sachverhalte übertragen[134]. Dies entspricht der ständigen Rechtsprechung des BFH, wonach die Besteuerung grundsätzlich nur an die effektiv verwirklichten, nicht hingegen an hypothetische, zwar realisierbare, aber tatsächlich nicht verwirklichte Sachverhalte und Gestaltungen anknüpft[135].

Überschreitung des Wortsinns: Eine den möglichen Wortsinn des Gesetzes überschreitende Fallvergleichung ist nicht zulässig[136]. Nach dem eindeutigen Wortsinn des Gesetzes ist ein Abzug der Anschaffungskosten eines nicht ausgeübten Termingeschäfts bei Verfall des Optionsrechtes nicht möglich[137]. Sollten die Ausführungen des *S9* (siehe oben *aa*) als Fallvergleich / Fallvariation beabsichtigt gewesen sein, so läge darin eine unzulässige Auslegung, weil es an den nötigen Voraussetzungen fehlt. Eine zuverlässige Einordnung der Ausführungen des *S9* (siehe oben aa) als Fallvariation dürfte ohnehin kaum möglich sein, weil der Fall- bzw. Typenvergleich seinen argumentativen Aus-

---

133 *Drüen* in: Tipke/Kruse, AO, § 4, Tz. 304 und 374.
134 *Stein* (Fn. 8), 46.
135 BFH v. 14.5.2014, VIII R 37/12, unter II.1.b) bb), mit zahlreichen Rechtsprechungsnachweisen.
136 *Drüen* in: Tipke/Kruse, AO, Oktober 2011, § 4, Tz. 335.
137 11/06: *„eindeutiger Wortlaut"* und *„Für eine andere Auslegung der Vorschrift unter Hinweis auf das System des EStG oder den Grundsatz der Besteuerung nach der Leistungsfähigkeit besteht angesichts ihres eindeutigen Wortlauts kein Raum"*.

gangspunkt von einem rechtlich unproblematischen Fall (über dessen Behandlung Einigkeit besteht) nimmt und daraus Argumente für die Behandlung verwandter, noch nicht gelöster Fälle entwickelt. Die Fallgruppe „Verfall von Optionen bzw. Knock-out-Zertifikaten" aber hatte *S9* bereits einer Lösung zugeführt (Ziff. 2.3.1) und damit die Rechtslage eindeutig geklärt[138] (siehe aber: Ziff. 2.7). Überdies ist der „rechtlich unproblematische Fall" nur eine (allein in der Vorstellung des *S9* bestehende) Fiktion des Tatbestandes (siehe oben *bb*).

ee) Die Wette: Fazit – unzulässige Sachverhaltsfeststellung

Nach alledem bleibt die Erkenntnis, dass die Ausführungen des *S9* zur Wette nebst Erkenntnis (siehe oben aa) nicht als Rechtsfindung, sondern als unzulässige Feststellung des Tatbestandes (siehe oben bb) zu beurteilen ist: *S9* knüpft die Besteuerung nach Maßgabe der *geltenden Norm* an einen imaginären Sachverhalt an, weil er aus den Augen verloren hat, dass sich die Besteuerung am vorgefundenen Sachverhalt (§ 3 Abs. 1 AO), nicht an Fiktionen orientiert[139].

c) Zweck des Gesetzes: Wirtschaftlich sinnvolles Verhalten?

Für Zwecke der Rechtsfindung ebenso schwer nachzuvollziehen ist auch die Einlassung des *S9*, das *G* verlange vom *OK* kein wirtschaftlich sinnloses Verhalten. Die ist eine doppelte Verneinung und besagt, das Gesetz verlange vom *OK* ein wirtschaftlich sinnvolles Verhalten. Die *Alt-Norm* stellt eine solche Forderung jedoch nicht auf: Wer sich an Termingeschäfte wagt, handelt von sich aus gewinnorientiert und die *Alt-Norm* knüpft an bestimmte ertraggekrönte Sachverhalte an, etwa an den Optionskauf mit anschließendem (vom *SH* zu zahlendem) Barausgleich. Es berücksichtigt Verluste immerhin bei „Durchführung", wenn also der *OK* diese durch Veräußerung oder Glattstellung realisiert. Dieser Besteuerungsentwurf des *G* hat – in der *Alt-Norm* wie in der *geltenden Norm* – die Erfassung des Gewinnfalls im Programm. Die o. a. Einlassung des *S9* jedoch, das EStG verlange dem *OK* Wirtschaftlichkeitserwägungen ab, trifft (a) ersichtlich nicht zu und kann (b) der Rechtsfindung ohnedies nicht dienlich sein: Den bedingten Termingeschäften ist immanent, dass eine tatsächliche Ausübung des Rechtes nur erfolgt, wenn dies für den *OK* (wirtschaftlich) von Vorteil ist.

Dieses Verhalten zum eigenen Vorteil war dem *G* bei Abfassung der Normen bekannt und bei Optionen ist mit dem vom Gesetz gemeinten Differenzausgleich allein ein positiver Ausgleich Anknüpfungspunkt für die Steuerbarkeit (Gesetz: *„Vorteil ... erlangt"*). Wenn die *Alt-Norm* wie die *geltende Norm* dem *OK* also überhaupt ein wirtschaftlich sinnvolles Verhalten abverlangen, dann nur in dieser Hinsicht: Bei dieser Form der Besteuerung, eine Gewinnfallbesteuerung nämlich, muss der wirtschaftlich denkende Stpfl. sich genau überlegen, ob er derlei Hochrisikogeschäfte eingehen will: Muss er doch mit seinen Gewinnfällen nicht nur die Totalausfälle sondern zusätzlich die „Gewinnsteuer" schultern. Das ist das Ergebnis, obgleich der Verfasser eine derartige Lenkungsabsicht in den Gesetzesmaterialien – weder denen aus 1999 noch denjenigen aus 2007 – vergeblich gesucht hat.

---

138 *Hahne*, BB 2012, 1779.
139 BFH v. 14.5.2014, VIII R 37/12, unter II.1.b) bb).

51

2.4 50/09 als verfassungskonforme Auslegung?

Bleibt zu erwägen, ob die Wertung des *S9* als verfassungskonforme Auslegung zu beurteilen ist. Diese Auslegung hat als spezielle Variante gebietet es, bei mehreren Möglichkeiten der Normauslegung diejenige maßgeblich sein zu lassen, bei der die Regelung mit der Verfassung konform geht. Der Grundsatz verbindet somit die Normtextauslegung mit einer Normenkontrolle und findet als Auslegungskriterium seine Grenze dort, wo er mit dem Wortlaut der Norm und dem klar erkennbaren Willen des *G* in Widerspruch treten würde[140]. Im Wege der verfassungskonformen Auslegung darf einem nach Wortlaut und Sinn eindeutigen Gesetz nicht ein entgegengesetzter Sinn verliehen, der normative Gehalt der auszulegenden Vorschrift nicht grundlegend neu bestimmt und das gesetzgeberische Ziel nicht in einem wesentlichen Punkt verfehlt werden[141]. Diese Voraussetzungen einer verfassungskonformen Auslegung liegen zu 50/09 nicht vor[142], weil die Formulierung der *Alt-Norm* „*... durch die der Steuerpflichtige einen Differenzausgleich .... erlangt"* eine Abgrenzung zu solchen Termingeschäften enthält, aus denen der *OK* deshalb keinen Differenzausgleich erlangt, weil er die Option verfallen lässt. Damit hat *G* eine bewusste Beschränkung auf Termingeschäfte mit Differenzausgleich vorgenommen. Die Option einer verfassungskonformen Auslegung ist bei dieser Rechtslage ausgeschlossen, wie *S9* noch in seinen *OK*-Vorentscheidungen (Ziff. 2.3.1) explizit ausgeführt hatte[143].

2.5 BFH 50/09 als teleologische Auslegung?

Der Literatur war zu entnehmen, 50/09 habe sich der Möglichkeit einer teleologischen Auslegung bedient[144]. Die Anforderungen an richterlich-teleologische Betrachtungen sind jedoch hoch: Gegenüber einer vom Wortlaut der Rechtsnorm abweichenden Auslegung ist besondere Zurückhaltung geboten[145] und es müssen zuverlässige Anhaltspunkte dafür vorliegen, dass der Wortlaut den wirklichen Willen des *G* nicht deckt[146]. 50/09 wirkt tatbestandserweiternd und eine teleologische Extension zielt darauf ab, den zu engen Wortlaut des Gesetzes auf dessen weiter gehenden Zweck auszudehnen. Sie ist aber nicht statthaft, wenn die vom *G* getroffene Entscheidung rechtspolitisch fehlerhaft erscheint. Vielmehr muss die auf den Wortlaut abstellende Auslegung zu einem sinnwidrigem Ergebnis[147], zu einem wirtschaftlich nicht vertretbaren, unsinnigen Ergebnis[148], zu einer der wirtschaftlichen Vernunft widersprechendem Ergebnis[149] oder zu einem so unsinnigen Ergebnis führen, dass es vom *G* nicht gewollt sein kann[150].

---

140 BVerfG v. 27.3.2012, 2 BvR 2258/09, BVerfGE 130, 372.
141 BVerfG v. 26.4.1994, 1 BvR 1299/89, 1 BvL 6/90, BVerfGE 90, 263; BVerfG v. 31.10.2016, 1 BvR 871/13, 1 BvR 1833/13.
142 *Stein* (Fn. 8), 49 ff.
143 11/06: „*Für eine andere Auslegung der Vorschrift unter Hinweis auf das System des EStG oder den Grundsatz der Besteuerung nach der Leistungsfähigkeit besteht angesichts ihres eindeutigen Wortlauts kein Raum*"; siehe dazu auch noch 154/10: „*Die Besteuerung der Termingeschäfte widerspricht nicht dem Grundsatz der Besteuerung nach der Leistungsfähigkeit und verstößt nicht gegen Art. 3 Abs. 1 des Grundgesetzes (GG)*."
144 *Heuermann*, DB 2013, 718, 719.
145 BFH v. 7.4.1992, VIII R 79/88, BStBl II 1992, 786.
146 BFH v. 14.11.1962, II 291/59 U, BStBl III 1963, 63.
147 BFH v. 16.12.1986, VIII R 375/83, BStBl II 1987, 366, BFH v. 26.6.2007, IV R 9/05, BStBl II 2007, 893.
148 BFH v. 13.10.1994, VII R 37/94, BStBl II 1995, 10.
149 BFH v. 12.8.1997, VII R 107/96, BStBl II 1998, 131.
150 BFH v. 21.8.1974, I R 81/73, BStBl II 1975, 121.

Gemessen an diesem strengen Maßstab durfte der BFH eine Auslegung der *Alt-Norm* über ihren Wortlaut hinaus nicht in Betracht ziehen[151]. Einer solchen Wertung steht schon der eindeutige Wortlaut *Alt-Norm* entgegen (siehe: „Vorteil erlangt"; s. a. 11/06). 50/09 vermag den erforderlichen Bezug zum Gesetze nicht aufzuzeigen, weil diese Wertung schon keine argumentative Auseinandersetzung mit jener einschlägigen *OK*- „Verfallsrechtsprechung" (Ziff. 2.3.1: 11/06 und 69/07) vornimmt, die ihre anderslautende Ableitung (vornehmlich) auf den „eindeutigen" Wortlaut des Gesetzes stützt. Wenn also eine Rechtsfortbildung eine bisherige Auslegung zulässigerweise verdrängen sollte, hätte *S9* nach vergleichender Darstellung seiner „alten" und seiner „neuen" Rechtsposition gewichtige Gründe[152] für diese Rechtsprechungsänderung vortragen - müssen (Ziff. 2.3.2). Eine Wortlautauslegung der *Alt-Norm* führt auch nicht zu einem sinnwidrigem Ergebnis; vielmehr entspricht diese Auslegung dem ausdrücklichen Willen bereits des historischen als auch des modernen *G* (Ziff. 4.1).

2.6 Kontrolle: Der Beschluss 154/10

Zu guter Letzt folgt ein Positionswechsel zwecks Gegenprobe. Wir stellen uns vor, die Auslegung 50/09 wäre nicht zu beanstanden. Dann wäre die anderslautende Vorauslegung zur Fallgruppe „*OK* / Käufer von Knock-out-Produkten" (Ziff. 2.3.1, s. a. 154/10), die weniger bessere Auslegung, die nur folgerichtig der besseren Erkenntnis (nämlich: 50/09), weichen musste. Nun enthält 154/10 aber auch diese Aussage:

„Die vom Senat entwickelten Maßstäbe gelten für die Auslegung des § 23 Abs. 1 Satz 1 Nr. 4 EStG, nicht aber für die Einkünfte aus Kapitalvermögen nach Einführung der Abgeltungssteuer durch das Unternehmenssteuerreformgesetz 2008 vom 14. August 2007 – BGBl I 2007, 1912 – (vgl. dazu aus dem Schrifttum ....)".

Diese Ergänzung dokumentiert, dass *S9* – obgleich es nicht seine Sache war (obiter dictum) – bereits in 154/10 Überlegungen zur Frage angestellt hat, ob es im geltenden Recht bei der tradierten Sicht bleiben könne oder eben nicht. 154/10 enthält zudem diesen Bericht:

„Damit hält der Senat an seiner Rechtsprechung fest, ... Hierfür spricht neben den oben angeführten Argumenten auch der Grundsatz der Rechtskontinuität. Der Kontinuität der Rechtsprechung kommt große Bedeutung zu; sie dient der von Art. 20 Abs. 3 GG umfassten Rechtssicherheit und kann nur aus wichtigem Grund aufgegeben werden ... Es wäre nicht angemessen, eine jahrelange kontinuierliche Rechtsprechung, die zur Grundlage der ständigen Verwaltungspraxis geworden ist, nach Auslaufen des Rechts wieder in Frage zu stellen. Das würde mit Blick auf viele rechtskräftig abgeschlossene Verfahren zu einer eklatant ungleichen steuerrechtlichen Behandlung führen".

Die Einlassung dokumentiert ausdrucksvoll, dass *S9* in 154/10 – gerade einmal fünf Monate vor seiner Entscheidung 50/09 – eingehende Erwägungen darüber angestellt hat, ob er für das überkommene Recht seine Auslegung noch einmal überdenken sollte. *S9* bezieht dabei das hohe Gut der Rechtsanwendungskontinuität in seine Abwägung mit ein und entscheidet sich für: Festhaltung. Damit hatte *S9* bereits grundlegende

---
151 *Stein* (Fn. 8), 55 ff.
152 BFH v. 17.12.2007, GrS 2/04, BStBl II 2008, 608, Rnr. 96, m.w.N.: *„gewichtige sachliche Erwägungen"*.

Betrachtungen zu einer allenfalls möglichen Beurteilungsänderung angestellt, die dessen materiell-rechtliche Erwägungen (154/10: Berufung auf Präjudizien; nicht steuerbare Vermögenssphäre; leistungsgerechte Besteuerung im Einklang mit dem Normensystem, u.s.w.) umrahmen. 154/10 geht also über eine gewöhnliche Festhaltungsentscheidung weit hinaus und wie könnte vor diesem Hintergrund die gänzlich anders begründete Auslegung 50/09 überhaupt die bessere, also einen Auslegungswandel erst rechtfertigende, Auslegung sein?

Mit ebendieser Frage lässt sich das Wesentliche herausschälen: Die nur fünf Monate später ergangene „Wandel-Auslegung 50/09" findet nicht nur materiell-rechtlich keinen Anschluss an die einschlägigen *Alt-Norm-Urteile* des *S9* (Ziff. 2.3.1). 50/09 ist auch abgetrennt von den eben genannten grundlegenden Betrachtungen des *S9* in 154/10, ob und wenn ja, unter welchen Bedingungen eine Auslegungsänderung zur *Alt-Norm* überhaupt stattfinden könnte. 50/09 steht damit allein, weil diese Einsicht (a) weder an die *Alt-Norm-Urteile* noch (b) an die von *S9* fünf Monate zuvor bereits angestellten grundlegenden Betrachtungen (154/10) anknüpft, obgleich beides nahegelegen hätte. Dabei zitiert 50/09 die Sache 154/10 sogar mehrfach, allerdings gerade nicht mit den maßgebenden, weil fallentscheidenden Erwägungen der Sache 154/10[153].

Man kann also sagen, dass 50/09 und die übrige relevante Rechtsprechung des *S9* zur Fallgruppe der verfallenen Termingeschäfte (Ziff. 2.3.1) beziehungslos nebeneinander stehen. Diese Einzelstellung von 50/09 weicht auch ab von der ständigen Übung des BFH, der seine Rechtsprechung gewöhnlich in seine schon vorhandene Fallgruppen-Rechtsprechung organisch einfügt (präsumtive Präjudizienbindung). Im direkten Vergleich des „Einzelgängers" (50/09) mit dem „vernetzten Rudel"[154], wird denknotwendig das „Rudel" die „bessere Erkenntnis" zu Tage fördern. Damit bestätigt dieser Positionswechsel das schon anderweitig gefundene Ergebnis, wonach 50/09 in Ermangelung besserer Erkenntnis (fehlt hier: klar überwiegende Gründe für eine andere Auffassung) nicht mit präjudizieller Autorität ausgestattet ist und folglich keinen über den entschiedenen Einzelfall hinausgehenden Auslegungswandel zu begründen vermag.

2.7 Exkurs – Blick zu den Knock-out-Produkten (20/14)

Diese Einschätzung – keine präjudizielle Autorität – trifft nach hiesiger Beurteilung auch 20/14[155], denn nur das Ergebnis nicht aber die Begründung von 20/14 steht im Einklang mit dem Wortlaut und dem Zweck der *Alt-Norm*. Zu 20/14 nun im Einzelnen:

2.7.1 Wertungswidersprüche zur eigenen Rechtsprechung des *S9* und Verkennung der Gegebenheiten am Markt

Die Begründung von 20/14 widerspricht sowohl der Rechtsprechung des *S9* (hier: 11/06 und 50/09 als Antagonismen) als auch den tatsächlichen Gegebenheiten am Markt[156]. Auch dieser Fall – es ging um verfallene Knock-out-Produkte in Höhe von 956.429 €

---

153 *Stein* (Fn. 8), 23 f.
154 Gruppe anderslautender Vorauslegung: *Alt-Norm*-Urteile 11/06, 69/07 und 154/10, s. a. Ziff. 2.3.1.
155 20/14 folgend: FG Hamburg v. 30.8.2016, 2 K 84/16: Klageabweisung bei verfallenen Knock-out-Produkten; offen lassend ob 20/14 zu folgen wäre: FG Köln v. 26.10.2016, 7 K 3387/13 (Rdn. 55), Rev.: VIII R 1/17, Klagestattgabe bei „abgerechneten" Knock-out-Produkten sowohl im geltenden Recht als auch im Alt-Recht.
156 Der Kläger hat Verfassungsbeschwerde erhoben: Az. des BVerfG: 2 BvR 217/16.

(20/14: Rz 12) – war im Jahre 2014 zunächst regulär bei *S8* eingelaufen, unterfiel aber dann ebenso wie 48/14 bis 50/14 dem Zuständigkeitswechsel vermittels nachträglicher Änderung des Geschäftsverteilungsplanes (vgl. Ziff. 1.1).

Die Erkenntnis 20/14 legt die *Alt-Norm* mit Blick auf verfallene Knock-out-Produkte aus und lässt die vergeblich aufgewandten Prämien nicht zum Abzug als Werbungskosten zu. *S9* betont, dieses Ergebnis stünde im Einklang mit dem Gleichheitssatz und dem Leistungsfähigkeitsprinzip und beruft sich hierbei auf den Beschluss 154/10, an dessen Erwägungen festzuhalten sei (20/14: Rz 31). Mit diesem Verweis geht *S9* methodisch anders vor als noch in 50/09: In dieser Entscheidung hatte *S9* etwa das Leistungsfähigkeitsprinzip für seinen Auslegungswandel ausdrücklich bemüht und sich mit den grundlegenden Wertungen seines Beschlusses 154/10 gerade nicht (gebührend) befasst (Ziff. 2.6). Überhaupt fällt mit 20/14 einmal mehr auf, dass der Aspekt der Besteuerung nach der Leistungsfähigkeit *S9* bei seinen diversen Interpretationen der *Alt-Norm* für jedes von ihm gefundene Ergebnis zur Verfügung steht:

Zuerst durfte der Grundsatz der Besteuerung nach der Leistungsfähigkeit *S9* wegen des eindeutigen Normwortlautes nicht zu anderer Auslegung verhelfen (11/06: kein Prämienabzug). Sodann diente das Gebot dem *S9*-Auslegungswandel mit den Worten, die Leistungsfähigkeit des *OK* sei auch bei Verfall einer Option um die aufgewandten Optionsprämien gemindert (50/09: Prämienabzug). Das dritte Mal diente das Leistungsfähigkeitsprinzip der *S9*-Festhaltung (kein Prämienabzug: 20/14). Das vierte Mal – diesmal war die *geltende Norm* auszuleuchten – soll das Leistungsfähigkeitsprinzip dem Prämienabzug (wieder) dienlich sein (48/14).

Es ist jedoch evident – dem S9 müsste dies eigentlich auch einsichtig sein – , dass das verfassungsgegebene Leistungsfähigkeitsgebot bei der Auslegung der *Alt-Norm* nicht sowohl für als auch gegen einen Prämienabzug streiten kann. Die Entscheidungen 50/09, 20/14 und 48/14 übersehen, das die Frage nach einer leistungsgerechten Besteuerung eine Steuerbarkeit des Vorganges voraussetzt während die *Alt-Norm* das bloße Erlöschen einer Rechtsposition in Gestalt des Optionsverfalls schon nicht erfasst (keine Steuerbarkeit infolge: Normwortlaut, Normumfeld, Wille des *G*). Immerhin legt 11/06 die *Alt-Norm* richtig aus: Deren Wortlaut sei eindeutig und das Gebot leistungsgerechter Besteuerung verheiße nichts anderes (vgl. Ziff.: 1.3.5; 2.3.1.4; 3.1).

Der weitaus gewichtigere Widerstreit ist in dem sachlichen Dissens von 20/14 zu 50/09 (50/09 ist in 20/14 sechsmal unmittelbar zitiert) zu sehen. Die Gefahr eines Antagonismus in Gestalt divergierender Auslegung sieht offenbar auch *S9*, weshalb er sich wie folgt um Abgrenzung wie folgt bemüht: Der Optionsverfall sei nicht vergleichbar mit einem Verfall bei Eintritt des Knock-out-Ereignisses, weil dem Knock-out-Berechtigtem ein Ausübungswahlrecht fehle, denn der Verfall (oder der Gewinn) sei unmittelbar vorbestimmt. Der Knock-out-Berechtigte könne sich nicht vermittels einer bewussten Entscheidung für einen Verfall entscheiden. Dies sei – so *S9* weiter – der wesentliche Unterschied zum Optionsgeschäft und rechtfertige die Verschiedenbehandlung der Prämien. *S9* argumentiert dabei mit einem „*Beendigungstatbestand*" der *Alt-Norm*, welcher beim Knock-out-Produkt nicht erfüllt sein könne, weshalb dessen Anschaffungskosten in die private Vermögensebene zu verweisen seien. Beim *OK* sei dies anders, denn dieser könne sich gleichsam aktiv für einen Verfall entscheiden.

S9 ist auch zu 20/14 begründend entgegenzutreten: Ohne dies offen zu legen widerspricht *S9* seiner eigenen Vorbeurteilung. Noch in seinem Beschluss IX B 110/09[157] hatte *S9* zu Knock-out-Geschäften ausgeführt, ob der Wertverfall des Wertpapiers auf einem bewussten Auslaufenlassen der Laufzeit oder dem Über- bzw. Unterschreiten Knock-out-Schwelle beruhe, sei ohne Bedeutung. Mit 20/14 trifft *S9* nun aber doch eine solche Unterscheidung, obgleich solche Verschiedenbehandlung gerade nicht gerechtfertigt, weil nicht sachgerecht, erscheint (Ziff. 2.7.2). Darüber hinaus kennt die *Alt-Norm* keinen sachlichen „*Beendigungstatbestand*". *S9* meint damit – ohne ihn zu benennen – den Hs. 2 der *Alt-Norm*, welcher die für 23 EStG a.F. typische Beschränkung des Zeitraumes zwischen Erwerb und Beendigung formulierte. Darin lag indes ein zeitlicher, kein sachlicher Tatbestand (Ziff. 1.3.1). Letzterer war allein im Hs. 1 der *Alt-Norm* geregelt und dieser spricht gerade nicht von Beendigung, sondern vom Erlangen eines Vorteiles oder eines (Differenz)Ausgleiches (gleichsam: Barausgleich).

Deshalb kann die von *S9* gezogene Unterscheidung und die darauf gegründete Verschiedenbehandlung dem Ziel und dem Wortlaut der *Alt-Norm* nicht gerecht werden. In beiden Fällen haben die Berechtigten nichts erhalten: Keinen Vorteil, keinen Barausgleich, eben nichts. Deshalb sind bei treffender Auslegung der *Alt-Norm* (Option: 11/06, Knock-out: 154/10) die Prämien in beiden Fällen steuerlich „verloren" (steuerlich unbeachtliche Vermögenseinbuße).

2.7.2 Nicht sachgerecht: Ungleichbehandlung von Optionen und Knock-out-Produkten

Selbst wenn man die Erkenntnis 50/09 als treffende Auslegung beurteilte, wäre die von 20/14 vorgenommene Verschiedenbehandlung nicht sachgerecht, weil *S9* der Sache nach gleichartige Sachverhalte (nämlich diejenigen einer Fallgruppe) ohne hinreichende Rechtfertigung unterschiedlich behandelt[158]. Hierbei muss sich *S9* an seinen eigenen Maßstäben messen lassen. In der – einen Monat später ergangenen – Entscheidung 48/14 erklärt *S9*, die Anschaffung der Option und der Ausgang des (Basis)Geschäfts seien als Einheit zu sehen und wer ein Recht auf Barausgleich erwerbe, erlange einen Vorteil aus einem Termingeschäft, welches bei Gewinnabsicht des *OK* steuerbar sei (Ziff. 1.2). Gleichviel, ob dem zu folgen ist und dass 48/14 etwas später entschieden wurde, wird doch deutlich, dass 48/14 sich auf 50/09 (Ziff. 2) bezieht und eine wirtschaftliche Betrachtungsweise als Auslegungshilfe benützt, was in 48/14 jedoch gerade nicht angebracht war (Ziff. 1).

Eine wirtschaftliche Betrachtung wäre hingegen in 20/14 die Naheliegende gewesen: Knock-out-Produkte unterscheiden sich lediglich dadurch von Optionen, dass diese bei Eintritt eines bestimmten Ereignisses – ohne Zutun des Rechteinhabers – wertlos verfallen. Erreicht der Basiswert die Knock-out-Schwelle, verliert der Rechteinhaber sein eingesetztes Kapital sowie das Recht auf einen Differenzausgleich. Wenn also die *Alt-*

---

157 BFH v. 13.1.2010, IX B 110/09, BFH/NV 2010, 869.
158 Kritik auch bei: *Moritz/Strohm*, DB 2016, 1658, 1660 ff.

Norm bei einem als Option ausgestalteten Termingeschäft einen Verlust in Gestalt (vergeblich) aufgewandter Optionsprämien auch bei Verfall des Rechts erfasst (so jedenfalls: 50/09), dann erfasst die *Alt-Norm* – denknotwendig – auch die Aufwendungen für den Erwerb eines Knock-out-Zertifikates als abzugsfähig, gleichviel, wie das Geschäft ausgeht.

Wirtschaftlich besehen ergibt es nämlich keinen Unterschied, ob die Bank im Falle der Option diese am Verfallsdatum ausbucht (weil sich nur ein negativer Differenzausgleich ergäbe) oder ob das Knock-out-Zertifikat unvermeidlich verfällt, weil die Knock-out-Schwelle unter- bzw. überschritten wurde. Beide Formen der stets in Gewinnabsicht eingegangenen Termingeschäfte sind einander sehr ähnlich, gleichsam wesensgleich[159] und anders als es *S9* in 20/14 erklärt, ist der Verfall einer Option gewöhnlich nicht die Folge einer *„Entscheidung für das Verfallenlassen einer Option"* sondern das Regelereignis bei ungünstiger Wertentwicklung, denn eilige Verkaufs- oder Glattstellungsbemühungen des *OK* scheitern allzu oft (wenn sich etwa kein Käufer finden lässt) und kein wirtschaftlich denkender Anleger zieht die Ausübung einer wertlosen Option auch nur in Erwägung.

Wenn sich also die Akteure der Gruppe der wirtschaftlich denkenden *OK* in Ansehung des Verlustes des „Einsatzes" (*SH*-Prämie) keinen zusätzlichen Nachteil verschaffen wird, ist dies gleichzusetzen mit dem Verlust des „Einsatzes" infolge eines gescheiterten ‚Knock-out-Geschäftes. *S9* zieht hier die naheliegenden Konsequenz nicht und begründet umständlich wie unerfindlich, die *Alt-Norm* gebiete die von *S9* beschriebene Verschiedenbehandlung. Mit dieser Einschätzung geht auch die treffende Kritik von *Cornelius*[160] einher: Diese feinsinnige Differenzierung des *S9* sei eher ein Wertungswiderspruch denn Systematik und in diese Richtung (Wertungswiderspruch) argumentieren im Ergebnis auch *Patzner/Wiese*[161]. *Moritz*[162] trägt desgleichen vor, nach den nahezu identischen wirtschaftlichen Gegebenheiten wäre eine Gleichbehandlung angebracht gewesen[163] und auch unter dem von *S9* bemühten Aspekt der Besteuerung nach der Leistungsfähigkeit hätte es nahe gelegen, den Streitfall (20/14) genau so zu behandeln, wie den Verfall von Optionen, bei denen das die Steuerbarkeit konstituierende Veräußerungsgeschäft (der Differenzausgleich) ebenso nicht verwirklicht werde.

2.7.3 Weitere Wertungswidersprüche in 20/14

Zwar trägt *Jachmann-Michel*[164] – die 20/14-Entscheidung des *S9* gleichsam rechtfertigend – vor, die Lösung des *S9* in 20/14 habe den Aspekt der Rechtskontinuität für sich und folge der strengen Linie von 11/06[165]. Dieser Erklärung steht jedoch gegenüber, dass 20/14 die Frage der Rechtskontinuität an keiner Stelle erwähnt, wie die Frage der Rechtskontinuität schon in 50/09[166] vollends unbeachtet blieb (Ziff. 2.3.2).

---

159 Ähnlich: *Moritz/Strohm*, DB 2016, 1658, 1660 f.
160 *Cornelius*, EStB 2016, 134.
161 *Patzner/Wiese*, BB 2016, 409, 411.
162 *Moritz*, DB 2016, 923, 925.
163 Ebenso zu Recht: *Moritz/Strohm*, DB 2016, 1658, 1661.
164 *Jachmann-Michel*, jurisPR-SteuerR 11/2016 Anm. 2.
165 *Jachmann-Michel*, jurisPR-SteuerR 23/2016 Anm. 1, unter D.
166 Auf welche die Sache 20/14 genau sechsmal (20/14: Rz 18, 20, 22, 28 [2mal] und 29) Bezug nimmt.

Auch *Jachmann-Michel's* Hinweis auf 11/06 kann die Antagonismen in 20/14 nicht erklären, weil sich 20/14 an keiner Stelle auf 11/06 bezieht, was auch erklärlich ist, denn 11/06 betraf einen *OK*-Fall, nicht den Erwerb eines Knock-out-Zertifikats. Hätte sich *S9* in 20/14 also auf 11/06 berufen wollen, so hätte *S9* aufklären müssen, weshalb die Grundsätze von 11/06 auf Knock-out-Zertifikate Anwendung finden sollen (etwa: Gleichbehandlung wegen der Ähnlichkeit der Sachen) und so erklärt es *S9* in 20/14 aber gerade nicht. Vielmehr unterscheidet *S9* förmlich (und im Ergebnis nicht überzeugend) zwischen dem *OK* und dem Erwerber eines Knock-out-Zertifikates. Ebenso unergründlich bleibt die darauf folgende Erklärung *Jachmann-Michel's*[167]:

„Die Alternativlösung hätte die Aufweichung dieser strengen Linie im Urteil vom 26.9.2012 (IX R 50/09) ... fortgesetzt".

Wie ist das zu verstehen? Noch einmal: Wenn sich *S9* in 20/14 nicht auf 11/06 beruft, kann *S9* der Sache 11/06 auch nicht (inhaltlich) wiedersprechen, zumal *S9* schon in 50/09 nicht auf 11/06 Bezug genommen hatte, obgleich dies – weil *S9* mit 50/09 einen Auslegungswandel praktizierte – dringend geboten gewesen wäre (Ziff. 2.1). Wenn also 11/06 einen *OK*-Fall betraf und wenn sich 20/14 (Knock-out-Fall) nicht auf 11/06 (*OK*-Fall) bezieht und wenn sich schon 50/09 (*OK*-Fall) nicht auf 11/06 (*OK*-Fall) bezog, weshalb trägt *Jachmann-Michel*[168] dann vor, 20/14 folge der strengen Linie von 11/06 (*OK*-Fall), wenn 20/14 (Knock-out-Fall) dazu eine gänzlich andere Begründung (nämlich: Nichtvergleichbarkeit eines Optionsscheines und eines Knock-out-Produktes) abliefert?

Überhaupt wurzelt die Chimäre des *S9* auffällig in dessen Annahme, zur treffenden Rechtsfindung müsse und könne *S9* nur die Erwägungen von 50/09 als Ausgangspunkt nehmen und hierzu eine geeignete Abgrenzung „anbauen". Hat *S9* aber schon nicht erkannt, dass 50/09 rechtslogisch nicht vertretbar ist, weil dessen Kern-Argument, nämlich das dort angebrachte Wett-Beispiel, auf einem Fehlschluss[169] gründet (Ziff. 2), wird jeder daran bestätigend-anknüpfenden (hier: 48/14) wie abgrenzend-anknüpfenden (hier: 20/14) Folgewertung nicht nur die Überzeugungskraft fehlen, sondern sie wird denknotwendig weitere Wertungswidersprüche erschaffen. 20/14 dokumentiert zugleich, in welchem Umfange *S9* seine Sache 50/09 noch immer missversteht, indem *S9* nämlich vorträgt, bei 50/09 handele es sich um eine „Ergänzung" zu IX R 40/06[170] und IX R 68/07[171] (20/14: Rz 28).

Erstens: *S9* hatte mit 50/09 – selbst wenn 50/09 dies so ausdrückt – gerade nicht seine Urteile IX R 40/06 und IX R 68/07 „ergänzt", weil es in diesen Entscheidungen nicht um *OK*-Fälle, sondern um die anders gelagerte *SH*-Besteuerung ging (Ziff. 2.3.1.5). Dies – Falschzitate des *S9* in 50/09 – hatte bereits die Vorinstanz[172] zu 20/14 vermittels

---

167 *Jachmann-Michel*, jurisPR-SteuerR 11/2016 Anm. 2, unter C.IV, letzter Absatz.
168 *Jachmann-Michel*, jurisPR-SteuerR 11/2016 Anm. 2, unter C.IV, letzter Absatz.
169 Der „50/09-Gedanke" (eines verhinderten Nachteils) passt nicht in das Milieu, in welches *S9* das „Argument" hineinsetzt: Weil die Akteure der Gruppe von *OK* einhellig nicht in Betracht ziehen, nach dem Erkennen der Wertlosigkeit einer Option den jeweiligen *SH* einen Barausgleich zu zahlen, haben die Akteure dieser Gruppe auch keinen Vorteil in Gestalt eines verhinderten Nachteiles erlangt.
170 BFH v. 17.4.2007, IX R 40/06, BStBl II 2007, 608.
171 BFH v. 13.2.2008, IX R 68/07, BStBl II 2008, 522.
172 Niedersächsisches FG v. 20.5.2014, 12 K 421/13, EFG 2014, 2037 (juris-Rdnrn.: 32, 34 und 46), nachgehend: 20/14.

Einzeldarstellung nebst Einzelbegründung zu den Falschzitaten im Einzelnen ausführlich verhandelt, als sie insgesamt vorzutragen hatte, der *S9* habe sich mit 50/09 weder an seiner eigenen einschlägigen Rechtsprechung noch an dem Grundsatz der Rechtskontinuität orientiert[173]. Auf diese umfänglichen Ausführungen der Vorinstanz geht *S9* in 20/14 nicht nur nicht ein, sondern trägt – wie erwähnt – unbeirrt vor, 50/09 sei Ergänzung zu IX R 40/06 und IX R 68/07 (20/14: Rz 28). Zwar war die Beweisführung der Entscheidung der Vorinstanz selbst nicht konsequent, wenn sie zuerst darlegt, 50/09 sei mit der einschlägigen Vorauslegung des *S9* (etwa: 11/06) nicht stimmig, um sonach darzutun, das FG folge dem BFH dennoch um schließlich die Klage mit einer feinsinnigen Abweichungs-Unterscheidung dann aber doch abzuweisen[174].

S9 jedoch geht in 20/14 auf die Begründung der Vorinstanz nicht ein, denn weder stellt *S9* diese unter I. seiner Gründe (nicht einmal in gedrängter Form) vor (siehe 20/14: Rz 5 und 17) noch spielt die Begründung der Vorinstanz unter II. der Gründe des *S9* eine Rolle, obgleich sich *S9* mit seiner entscheidungserheblichen Differenzierung (zwischen dem *OK* und dem Erwerber eines Knock-out-Produktes) auf genau jene Erwägung stützt, die dessen Vorinstanz angebracht hatte. Doch wenn *S9* schon die umfänglichen Betrachtungen der Vorinstanz zu dessen Vorrechtsprechung (50/09) nicht zur Kenntnis nimmt, so hätte *S9* doch zumindest sehen müssen, dass (neben der Vorinstanz) auch Teile der Literatur die 50/09-Falschzitierungen des *S9* (nämlich auf nicht relevante *SH*-Urteile) erkannt und diesbezügliche Fehlzitate-Kritik angebracht haben[175]. *S9* vermittelt in 20/14 aber den Eindruck, als sei diese Grundsatzkritik an seiner 50/09-Begründung nicht vorgetragen worden.

Zweitens: 50/09 nahm in Tatsächlichkeit keine „*Ergänzung*" seiner Rechtsprechung vor; es handelte sich vielmehr um einen Auslegungswandel im Verhältnis zu 11/06 und 69/07 (Ziff. 2.3.1). Offenbar hatte *S9* bei der Abfassung der Gründe für 20/14 nicht bemerkt, dass ihm Vorinstanz wie Literatur[176] zu 50/09 einen Rechtsprechungswandel (Umkehr der Auslegung), nachgewiesen hatten.

Ein letztes „Widerstreit-Beispiel" zur Sache 20/14: 20/14 führt zur *Alt-Norm* aus:

„*Unerheblich ist, dass der Kläger für den Fall des Nichtüberschreitens der Knockout-Schwelle die Option ausüben wollte. Denn ein derartiger rein subjektiver Tatbestand ist nicht steuerbar*".

Einen Monat später in 48/14 klingt dies ganz anders: Dort trägt *S9* vor, die *geltende Norm* erfasse den Verfall wenn Gewinnabsicht vorläge. *S9* setzt den Einwand des Gewinnstrebens also widersprüchlich ein und dokumentiert damit einmal mehr, wie regellos seine Rechtsprechung seit 50/09 geworden ist.

Nach alledem ordnet sich die Knock-out-Erkenntnis 20/14 nahtlos in die Reihe der unlösbaren Einsichten des *S9* (unverständlich bereits: 50/09 und 48/14) ein. *S9* hätte mit seiner noch offenen Knock-out-Revision IX R 39/15[177] Gelegenheit, die Thematik

---

173 Siehe auch: *Stein* (Fn. 8), 89.
174 Niedersächsisches FG v. 20.5.2014, 12 K 421/13, EFG 2014, 2037, nachgehend: 20/14.
175 *Meinert/Helios*, DStR 2013, 508, 510 li. Sp.; *Stein* (Fn. 8), 34.
176 Etwa: *Moritz/Strohm*, DB 2013, 603; *Stein* (Fn. 8).
177 Verfahren ist mit Blick auf 2 BvR 217/16 (zu 20/14) ausgesetzt; Vorinstanz: FG Düsseldorf v. 25.2.2015, 15 K 4038/13, E, F.

des Wertloswerdens von Knock-out-Produkten erstmals methodisch-vertiefend zu beleuchten, um doch noch einen widerspruchsfreien Anschluss an seine bisherige Rechtsprechung zu finden. Hierfür gibt es nur einen sauberen Weg: Dazu müsste *S9* zunächst greifbar begründend feststellen, dass und weshalb seine Erkenntnis 50/09 eine Fehlentscheidung war (sog. „Rolle rückwärts") und folglich der Gedanke von 154/10 wieder Geltung beanspruche. Zu einer solchen „Bereinigung" gehörte auch, dass *S9* sich dazu positionierte, ob *S9* noch an dem Differenzierungs-Gedanken von 20/14 festhalten könne. Folgte *S9* dabei der o. a. Logik, müsste er diese Frage verneinen.

Erst nach solcher „Hygiene" seiner Rechtsprechung könnte und müsste *S9* sodann die Revision IX R 39/15 mit jenen Gründen, die er in 154/10 vorgetragen hat, zurückweisen. Damit wäre der Methode genüge getan, denn bis 154/10 ließ die Rechtsprechung des *S9* einen „roten Faden" durchblicken und erst seit 50/09 kann eine logische Rekonstruktion der einschlägigen Rechtsprechung des *S9* (hier: 50/09, 20/14, 48/14, 49/14, 50/14) nicht mehr gelingen. Das letzte Wort zu den Verlusten aus dem Erwerb von wertlos gewordenen Knock-out-Produkten hat ohnedies *S8*, denn unter VIII R 37/15[178] ist eine Revision zu geltendem Recht bei ihm eingelaufen.

Im geltenden Recht ist – anders als es *S9* in 48/14 (Ziff. 1) und *S8* in VIII R 55/13 (Ziff. 5.4) darstellen – im Verhältnis zur *Alt-Norm* keine normative Rechtsänderung eingetreten (s. Ziff. 1), weshalb der Gedanke von 154/10 auch im geltenden Recht trägt. Unzutreffend ist auch die Erklärung des *S9* am Ende von 20/14: *S9* führt darin aus, seine Auslegungsmaßstäbe zur *Alt-Norm* gelten nicht für geltendes Recht. Einmal abgesehen davon, dass dieser Hinweis als obiter dictum fruchtlos ist, weil *S9* in 20/14 allein die *Alt-Norm* auszulegen hatte, hat *S9* diesen Hinweis nicht mit einer Begründung versehen. Zwar verweist *S9* auf Literatur. Eine Begründung liegt aber nicht schon dann vor, wenn *S9* – wie hier – darauf verzichtet, darzutun, wie er die Literatur und die dort getroffene Aussage interpretiere und aus welchen Gründen er sich dieser oder jener Literaturmeinung anschließe. So dankbar Literatur mitunter auch sein kann, ist sie doch – Rechtsquellentheorie – die schwächste Erkenntnisquelle.

Formal hat sich die Sache zwar aufgeklärt, denn seit 48/14 wissen wir, wie *S9* geltendes Recht beurteilt (Ziff. 1), obgleich S9 dafür eigentlich unzuständig ist (Ziff. 1.1). Daraus ergibt sich jedoch kein Erkenntnisgewinn, weil es *S9* damit (48/14) gerade nicht gelungen ist, sich verständlich zu machen (Ziff. 1).

---

178 Vorinstanz: FG Düsseldorf v. 6.10.2015, 9 K 4203/13 E, EFG 2015, 2173 (Rev.: VIII R 37/15).

3. Andeutung von 48/14: Generelle Substanzbesteuerung?

Die Vorinstanz zu 49/14, der erste Senat des FG Düsseldorf[179] hatte sich nicht wie die beiden anderen Vorinstanzen (zu: 48/14 und 50/14) darauf beschränkt, 50/09 zu benennen und diesen Gedanken als für neues Recht analog anwendbar zu erklären.

Das FG trägt zusätzlich vor, nach Einführung der Abgeltungsteuer sei nicht mehr zwischen Vermögensebene und Ertragsebene zu unterscheiden, weshalb – dem objektiven Nettoprinzip folgend – eine Minderung des privaten Vermögens bei der Besteuerung berücksichtigt werden müsse und ein Aufwandsabzug resultiere schon aus der Gewinnabsicht des Steuerpflichtigen. Diese Beurteilung wird unter Hinweis auf eine (vorgeblich) vollständige Wertzuwachsbesteuerung für geltendes Recht auch in weiten Teilen in der Literatur geteilt[180]. Sowohl die Literatur als auch der erste Senat des FG Düsseldorf können mit solcher Interpretation geltenden Rechts nicht überzeugen (bereits: Ziff. 1.3.6). Im Einzelnen:

3.1 Tatbestand und Nettoprinzip

Teile der Literatur tragen vor, die steuerliche Leistungsfähigkeit des *OK* könne nur an dem Saldo gemessen werden, der sich aus den positiv und den negativ verlaufenden Geschäften ergebe[181] und auch das FG Düsseldorf[182] beruft sich auf das objektive Nettoprinzip. Hierzu ist zu sagen, dass das Gesetz bei den hier in Rede stehenden Termingeschäften (Erwerb von Optionen) nur einen tatsächlich erlangten Vorteil anspricht, also für Zwecke der Besteuerung aufgreift (Ziff. 1.3.3). Ein Hinweis auf das – einfachrechtlich in § 2 Abs. 2 EStG verankerte – objektive Nettoprinzip vermag keine steuerliche Abziehbarkeit vergeblich aufgewandter Optionsprämien zu begründen, weil sich andernfalls die Besteuerung nicht mehr am klaren Wortlaut und dem ersichtlichen Willen des *G* orientierte (Ziff. 2.3.1.4). Die Besteuerung orientiert sich am Tatbestand des Gesetzes, weshalb sich eine Saldierung von positiven und – bei Verfall von Optionen – negativen Termingeschäften verbietet, wenn hierfür keine eindeutige normative Anordnung existiert.

Aus dem sog. Nettoprinzip folgt nichts anderes, denn im Rahmen seines weiten Gestaltungsspielraums steht es dem *G* frei, vom einfachrechtlichen Leitmotiv einer Nettobesteuerung (objektives Nettoprinzip: § 2 Abs. 2 EStG) insoweit abzuweichen, als er die Leistungsfähigkeit des *OK* spezialgesetzlich im Sinne einer Gewinnfallbesteuerung – d. h. umfassende Besteuerung positiver Wertänderungen bei gleichzeitigem selektiven Ausschluss von Wertverlusten – anderweitig definiert. Erwerbsausgaben (im geltenden Recht: § 20 Abs. 4 Satz 5 EStG) liegen danach nur dann vor, wenn das Gesetz auf den Vorgang zugreift (Ziff. 3.2). Beim bloßen Erlöschen der Rechtsposition durch Verfall gibt es jedoch keinen Bezug zur *geltenden Norm*.

---

[179] FG Düsseldorf v. 27.6.2014, 1 K 3740/13 E, EFG 2014, 1580, nachgehend 49/14.
[180] Etwa: *Cornelius/Anwari*, EStB 2016, 266 und 273; *Patzner/Wiese*, BB 2016, 409, 411; *Hahne*, BB 2015, 1640; *Haberland*, BB 2014, 2328; *Philipowski*, DStR 2007, 1615, 1616 re. Sp; vgl. a. *Mathäus*, FR 2016, 888, 890; so auch schon: Niedersächsisches v. 21.5.2014, 2 K 309/13, juris (juris-RdNr. 25), rkr.
[181] Etwa: *Dahm/Hamacher*, DStR 2014, 455, 459; *Reislhuber/Bacmeister*, DStR 2010, 684, 685 re. Sp.
[182] FG Düsseldorf v. 27.6.2014, 1 K 3740/13 E, EFG 2014, 1580, nachgehend 49/14.

3.2 Punktuelle Besteuerung statt „Finanzvermögen"

3.2.1 Keine Trennung von Vermögensebene und Ertragsebene?

Vor diesem Hintergrund kann der weitere Vortrag des FG Düsseldorf[183] wie Teilen der Literatur[184], eine nunmehr fehlende Trennung von Vermögensebene und Ertragsebene führe zu einer Art Absichtsbesteuerung, nicht einschlagen. Die bislang verwendeten Begriffe „Vermögensebene" und „Ertragsebene" sollten – vornehmlich bezogen auf überkommenes Recht[185] – den Tatbestand erklären. Beide Begriffe sind nicht selbst Teil des hier besprochenen Tatbestandes (der *geltenden Norm*) und können nicht dazu eingesetzt werden, den gesetzten Tatbestand zu übergehen: Wenn das FG Düsseldorf von

„Optionsgeschäfte(n), die zu einer Minderung des privaten Vermögens geführt haben"

spricht, hat es sich – weil es steuerliche Folgen daraus zieht – ohne rechtslogische Rechtfertigung von der Anordnung der *geltenden Norm* entfernt. *G* nimmt an dieser Stelle keine Trennung zwischen „privat" und „nicht privat" vor wie er auch keinen steuerlich verhafteten Vermögensbestand im Sinne eines „Finanzvermögens" geschaffen hat. Für die Einsicht des FG könnte allerdings sprechen, dass *G* unter dem Abgeltungsteuerregime die Art der Besteuerung immer mehr den Gesetzmäßigkeiten einer Gewinnermittlungsart angenähert hat. Diese Überzeugung im Sinne einer generellen Substanzbesteuerung müsste sich rechtslogisch aber einwandfrei begründen lassen und an dieser Stelle scheitert die Logik des FG:

3.2.2 In der Schedule: Nur punktuell umschriebene Tatbestände

Die gesamten legislativen Veränderungen hin zu einer Art Schedulenbesteuerung können nicht als „Auslegungshebel" gegen eine spezielle gesetzliche Bestimmung zum Einsatz gelangen, wenn die Bestimmung (hier: *geltende Norm*) eindeutig ist und im Falle ihres Einschlags – dies ist spezialgesetzlich festgehalten (§ 20 Abs. 4 Satz 5 EStG) – notwendige Aufwendungen zum Abzug gelangen. Der Gedanke an ein legislatives Diktat einer generellen Substanzbesteuerung liegt schon deshalb fern, weil *G* den Einkünften aus Kapitalvermögen ein punktuelles, ereignisbezogenes Konzept der Besteuerung zu Grunde legt[186].

Die Besteuerung knüpft nicht an die Wertveränderungen (nämlich an die Zu- und Abgänge) eines (zuvor definierten) „Finanzvermögens", sondern nur an punktuell umschriebene Tatbestände an[187]: Die Norm des § 20 EStG verzichtet auf die Formulierung einer Generalnorm (wie es etwa bei den gewerblichen Einkünften (§ 15 Abs. 2 EStG der Fall ist) sondern listet die Kapitalanlagen einzeln auf. Überhaupt fehlt es an Anhaltspunkten dafür, dass *G* mit Einführung der Abgeltungsteuer die Vermögenssphäre umfassend berücksichtigen wollte[188]. Hätte *G* eine umfassende Substanz-

---

183 FG Düsseldorf v. 27.6.2014, 1 K 3740/13 E, EFG 2014, 1580, nachgehend 49/14.
184 *Helios/Philipp*, BB 2010, 95, 97; *Jachmann*, in: juris-PR-SteuerR 25/2008 Anm. 3.
185 Vgl. *Dahm/Hamacher*, DStR 2014, 455, 459.
186 *Aigner*, jM 2015, 119, 124.
187 *Dahm/Hamacher*, DStR 2008, 1910 f. und 1917.
188 FG Berlin-Brandenburg v. 20.1.2016, 14 K 14040/13, BB 2016, 2405, 2406, Revision beim BFH anhängig unter: IX R 18/16; FG Düsseldorf v. 11.3.2015, 7 K 3661/14 E, BB 2015, 1639, Revision beim BFH anhängig unter: VIII R 13/15.

besteuerung angestrebt, so hätte er die steuerlich relevanten Tatbestände an die Zu- und Abgänge eines zuvor definierten „Finanzvermögens" angeknüpft und hierzu Aufzeichnungspflichten für Wirtschaftsgüter, die dem steuerverstrickten Vermögen zuzuordnen wären, eingeführt[189]. So ist G jedoch nicht vorgegangen und „Verluste", die außerhalb der in § 20 EStG normierten Veräußerungstatbestände entstehen, sind – abgesehen von den betrieblichen Anlegern und den Fällen, die unter § 17 EStG fallen – auch unter dem Regime der Abgeltungsteuer steuerlich unbeachtlich.

3.2.3 Dualismus der Einkunftsarten bei Ausweitung der Substanzerfassung

Die Norm des § 20 Abs. 2 EStG entspricht in etwa der bisherigen Besteuerung nach §§ 17, 23 EStG a.F., so dass – auch mit Blick auf den ersatzlosen Wegfall der Jahresfrist sowie die Absenkung des Steuertarifs im Kapitalbereich (auf 25 %) und die im Gegenzug erfolgte Kassierung des Aufwandsabzugs (§ 20 Abs. 9 EStG) – von einer Ausweitung der Substanzerfassung, nicht jedoch von einer generellen Verstrickung der Vermögenssphäre gesprochen werden kann. Die teilweise Ausweitung einzelner Besteuerungstatbestände und das Streben nach einer Verbreiterung der Bemessungsgrundlage hat nicht zu einem Paradigmenwechsel im Sinne einer generellen Substanzbesteuerung geführt[190], weil G die Norm des § 20 EStG den Überschusseinkünften nach § 2 Abs. 2 Nr. 2 EStG zugeordnet hat, die grundsätzlich auf die Besteuerung der Erträge des für die Einkünfteerzielung eingesetzten Vermögens (Fruchtziehung) beschränkt sind und Veränderungen des Vermögens grundsätzlich steuerlich neutral stellen.

Diese Festhaltung des G am sog. Dualismus der Einkunftsarten, Betriebsvermögen und Gewinneinkünfte einerseits, Privatvermögen und Überschusseinkünfte andererseits, auch unter dem Abgeltungsteuerregime ist jener Rahmen, in welchem die Normen des § 20 EStG gewürdigt und ausgelegt werden müssen. Deshalb ließe sich auch bei den Termingeschäften eine steuerliche Vermögensverstrickung nicht schon deshalb bejahen, weil die Tätigkeit bei den Termingeschäften ihrer Art nach nicht auf Fruchtziehung, sondern auf die Erzielung von Wertsteigerung des eingesetzten Vermögens gerichtet ist[191].

3.2.4 Gesetzesbegründung: Allgemeine Begründung zu § 20 Abs. 2 EStG

Schließlich erhalten die Befürworter eines Paradigmenwechsels hin zu einer generellen Substanzbesteuerung[192] noch diesen Wink: Gegen die These eines Paradigmenwechsels ist auch die (allgemeine) Gesetzesbegründung zu § 20 Abs. 2 EStG anzuführen, nach welcher Wertzuwächse die dem Steuerpflichtigen durch die Veräußerung der dort genannten Kapitalanlagen zufließen, künftig „neben" den Einnahmen aus § 20 Abs. 1

---

189 Siehe hierzu die Aufzeichnungspflicht des Einnahmeüberschussrechners gemäß § 4 Abs. 3 Satz 5 EStG.
190 *Stein* (Fn. 8), 63 ff.
191 So aber wohl *Dahm/Hamacher*, DStR 2014, 455, 458: „*punktuelle Gewinneinkunftsart*"; siehe dazu auch *Dahm/Hamacher*, Termingeschäfte im Steuerrecht, 2. Auflage 2014, S. 30 (Rz. 62); „*punktuelles Betriebsvermögen*".
192 Hier statt einiger: *Dahm/Hamacher*, Termingeschäfte im Steuerrecht, 2. Auflage 2014, S. 31 (Rz. 64); *Aigner*, DStR 2016, 345, 346; *Aigner/Balbinot*, DStR 2015, 198; FG Hamburg v. 30.8.2016, 2 K 84/16 (RdNr. 36 f.), NZB erhoben (Az.: IX B 112/16).

EStG der Besteuerung unterworfen werden sollen. Diese Formulierung deutet auf eine abgegrenzte Veräußerungsgewinnbesteuerung und nicht auf eine allgemeine Erfassung der Vermögenssphäre hin[193]. Ihr kann kein Hinweis dergestalt entnommen werden, dass die Vermögensebene generell und nicht lediglich in den genannten Veräußerungsfällen einbezogen werden soll. Erst recht lässt diese Gesetzesbegründung keinen Schluss darauf zu, in den in § 20 Abs. 2 EStG genannten Veräußerungsfällen sei stets ein „unbedingter" Aufwandsabzug möglich.

3.2.5 Gesetzesbegründung: Spezielle Begründung zu § 20 Abs. 2 Satz 2 EStG

Diese Beurteilung steht auch im Einklang mit der (speziellen) Gesetzesbegründung zu § 20 Abs. 2 Satz 2 EStG, auf welche gelegentlich verweisen wurde[194], um einen (vermeintlichen) Paradigmenwechsel zu entfalten. Zwar ist dieser Gesetzesbegründung zu entnehmen, dass

„*eine vollständige steuerliche Erfassung aller Wertzuwächse im Zusammenhang mit Kapitalanlagen erreicht werden soll*"[195].

Indes bezieht sich diese Passage lediglich auf die in § 20 Abs. 2 Satz 2 EStG aufgezählten Ersatztatbestände (Veräußerungssurrogate), so dass die Aussage im Sinne einer vollständigen Erfassung aller *rechtsgeschäftlich* realisierten Wertzuwächse verstanden werden muss[196]. Wenn ein Optionsrecht (bei ungünstiger Marktentwicklung durch Zeitablauf) wertlos verfällt, ist gerade kein *rechtsgeschäftlich* realisierter Wertverlust entstanden. Es ist lediglich eine Rechtsposition erloschen.

3.2.6 Fazit: Grundsätzlich Gewinnfallbesteuerung mit Ausnahmen bei rechtsgeschäftlich realisierten Wertverlusten

Es existiert nach alledem gerade keine gesetzliche Anordnung im Sinne einer durchgängigen Substanzbesteuerung[197] und vornehmlich bei Ertrag aus dem Optionsgeschäft, greift das Gesetz auf den Vorgang zu (Gewinnfallbesteuerung). Hiervon kennt das Gesetz zwei Ausnahmen: Verluste sind (ausnahmsweise) zu berücksichtigen, wenn es dem *OK* gelingt, Verluste kurz vor Verfall durch Veräußerung oder Glattstellung zu realisieren. Diese Verluste sind dann nicht nur mit positiv verlaufenen gleichartigen Geschäften, sondern auch mit Zinserträgen und Dividenden verrechenbar.

3.3 Subjektiver Tatbestand?

Wenn 48/14 anführt, bei Optionsverfall reiche bloße Gewinnabsicht aus, so übersieht *S9*, dass *G* keinen subjektiven Tatbestand formuliert hat. Es erfolgt gerade keine Besteuerung nach Absichten und Hoffnungen. Die *geltende Norm* kennt auch keine Trennung von „privat" und „nicht privat" wie es ebenso keinen generell steuerlich

---

[193] *Gast*, Die steuerliche Berücksichtigung von Darlehensverlusten des Gesellschafters einer Kapitalgesellschaft, Berlin 2013, 148.
[194] Niedersächsisches FG v. 21.5.2014, 2 K 309/13 (RdNr. 25).
[195] BT-Drucks. 16/4841, 56.
[196] *Gast*, Die steuerliche Berücksichtigung von Darlehensverlusten des Gesellschafters einer Kapitalgesellschaft, Berlin 2013, 148.
[197] *Dahm/Hamacher*, DStR 2008, 1910, 1917.

verhafteten Vermögensbestand im Sinne eines „Finanzvermögens" gibt[198]. Das Gesetz – wir sprechen auch bei § 20 Abs. 2 EStG von Fiskalzwecknormen – interessiert sich bei der *geltenden Norm* für das „geglückte" Geschäft. Wäre es dem *G* um die Gewinnabsicht des Stpfl. gegangen, hätte er dies so formuliert:

„*Termingeschäfte, durch die der Steuerpflichtige* beabsichtigt*, einen Differenzausgleich oder einen durch den Wert einer veränderlichen Bezugsgröße bestimmten Geldbetrag oder Vorteil zu erlangen*".

So aber hat es *G* weder formuliert noch gemeint.

3.4 Systematische Erwägungen

Hätte *G* beabsichtigt, den Verfall der Veräußerung gleichzustellen, hätte er dies bereits normiert (s.o.). So liegen die Dinge indessen nicht und für eine Gleichsetzung im Wege von Teleologie bzw. Analogie ist kein Raum, wie ein Blick auf das normative Umfeld offenbart (systematische Betrachtung): Die Norm des § 20 Abs. 2 EStG legt fest, inwieweit der Gewinn aus der Veräußerung von Wertpapieren zu den Einkünften aus Kapitalvermögen zählt. Teils bezieht sich diese Norm auch auf den Differenzausgleich bei Termingeschäften (Nr. 3) oder die Übertragung eines Rechts (Nr. 5 und Nr. 8). § 20 Abs. 4 EStG bestimmt dazu, wie der Gewinn im Sinne des § 20 Abs. 2 zu ermitteln ist. Obgleich bei der Gewinnermittlung verschiedene Fallgestaltungen zu unterscheiden sind[199], geht diese Norm vornehmlich auf einen Sonderfall der verdeckten Einlage ein.

Andere möglichenfalls auch in Frage kommende Sonderfälle, etwa der Forderungsausfall[200] bzw. der genannte Wertlosverfall eines Wertpapiers, sind hingegen nicht von § 20 EStG erfasst. Daraus ist – argumentum e contrario – zu schließen, dass ein Verlust insofern steuerlich nicht anzuerkennen ist. Diese Erfassungslücke liegt auch „im Plan" des *G*, wie aus dem Gang des Gesetzgebungsverfahrens zum UntStRefG 2008 ersichtlich wird: Der ZKA hat im Rahmen einer schriftlichen Anhörung vor dem FinA eine steuerliche Berücksichtigung des Erlöschens einer Rechtsposition, wie den Verfall nicht ausgeübter Options- oder Bezugsrechte, zu Gunsten der Berechtigten begehrt. Diesem Begehren nach einer normativen Sonderfallregelung für (ohne gesondertes Rechtsgeschäft) verfallene Rechtspositionen ist *G* jedoch nicht nachgekommen (Ziff. 1.3.4).

Aus dieser „ersichtlich geplanten" Regelungslücke ist zu schließen, dass der gesetzlich ungeregelte Sachverhalt – hier: keine Verlustbegünstigung erloschener Rechtsposition, die das Gesetz selbst nicht namentlich benennt – nicht durch Analogieschluss mit der Rechtsfolge einer vorhandenen Norm geregelt werden darf. *G* hat das Problem des Erlöschens einer Rechtsposition, wie etwa den Verfall von nicht ausgeübten Options- oder Bezugsrechten, erkannt und bewusst nicht in besonderer Weise zu Gunsten der *OK* geregelt: Der Verfall einer Option findet in der Norm des § 20 Abs. 4 EStG keine

---

[198] *Stein* (Fn. 8), 67 f.
[199] Etwa: Wertlosverfall eines Wertpapiers bei Optionen wie Zertifikaten oder etwa der Ausfall einer Kapitalforderung, etwa bei der Liquidation einer AG oder der Insolvenz des Emittenten.
[200] Der Forderungsausfall ist keine Veräußerung im Sinne des § 20 Abs. 2 Satz 2 EStG (BMF v. 18.1.2016, BStBl I 2016, 85, Rz. 60) und dieser auch nicht gleichzustellen (FG Düsseldorf v. 11.3.2015, 7 K 3661/14 E, BB 2015, 1639, Revision beim BFH anhängig unter: VIII R 13/15); vgl. hierzu aber: *Spieker*, DB 2016, 197; *Aigner*, DStR 2016, 345; *Hahne*, BB 2015, 1640.

Erwähnung und damit geht einher, dass die Norm des § 20 Abs. 2 Nr. 3 EStG nur von Gewinnen im Fall des Differenzausgleichs (Buchstabe a) und bei einer Veräußerung (Buchstabe b) spricht (systematische Auslegung). Von dieser „Entscheidung" des *G* (planmäßige Regelungslücke) betroffen sind aber nicht nur verfallene Optionen sondern auch der Ausfall einer Forderung wie der Forderungsverzicht:

Bei einem Forderungsausfall, etwa bei Zahlungsunfähigkeit des Schuldners bzw. Insolvenz des Emittenten, liegt – anders als etwa bei einer Zwangseinziehung[201] – kein Rechtsträgerwechsel und sonach keine Veräußerung oder ein veräußerungsgleicher Vorgang vor[202]. Vergleichbares gilt beim Forderungsverzicht (auch gegen Besserungsschein), soweit keine verdeckte Einlage in eine Kapitalgesellschaft vorliegt: Anschaffungskosten sowie Anschaffungsnebenkosten bleiben steuerlich unbeachtlich und ein Verlust ist (außerhalb des Anwendungsbereichs des § 17 EStG) nicht anzuerkennen[203].

Wird die (nahezu wertlose) Forderung hingegen veräußert, entsteht ein steuerwirksamer Veräußerungsverlust, sofern ein steuerbarer Veräußerungsvorgang vorliegt, d. h. die Veräußerungskosten geringer als der Veräußerungspreis sind. Im Ergebnis bleibt festzuhalten: Wegen der punktuellen Besteuerung des § 20 EStG stellt sich zuerst die Frage nach der Steuerbarkeit des Vorganges und der Vortrag des FG Düsseldorf[204] wie Teilen der Literatur, eine Trennung zwischen Vermögensebene und Ertragsebene sei bei den Kapitaleinkünften unter dem Abgeltungsteuerregime nicht mehr vorzunehmen, lässt sich rechtslogisch nicht belegen.

---

201 Vgl. BFH v. 12.52015, IX R 57/13, BFH/NV 2015, 1364.
202 FG Düsseldorf v. 11.3.2015, 7 K 3661/14 E, BB 2015, 1639, Revision beim BFH anhängig unter: VIII R 13/15.
203 BMF v. 18.1.2016, BStBl I 2016, 85, Rz. 60-62; FG Rheinland-Pfalz v. 12.7.2016, 3 K 1133/14, EFG 2016, 2073.
204 FG Düsseldorf v. 27.6.2014, 1 K 3740/13 E, EFG 2014, 1580, nachgehend 49/14.

4. Ergänzende Untersuchung zu 50/09 und 48/14

4.1 Historische und systematische Auslegung

Ein Teil der Literatur trägt vor, dass in 50/09 gefundene Ergebnis lasse sich im Wege historischer Auslegung bestimmen[205]. Allerdings liefern die älteren Gesetzesmaterialien keine Hinweise in diese Richtung, während die jüngere Historie offen legt, dass G bei der Abfassung des UntStRefG 2008 den Status Quo wahren wollte (Ziff. 4.1.1) und ein spezielles Änderungsbegehren des ZKA bewusst nicht umgesetzt hat (Ziff. 1.3.4).

4.1.1 Rechtspolitischer Wille: Die Wahrung des Status Quo (zu 48/14)

Zunächst liegt der Schluss nahe, dass G die Wahrung des Status Quo im Blick hatte, als er in Kenntnis der Verwaltungsauffassung die bisherige Regelung zur Besteuerung der Termingeschäfte (*Alt-Norm*, Hs. 1) in die *geltende Norm* wörtlich übernommen hat. Damit hatte sich G die Auffassung des BMF zum Gesetzentwurf zu eigen gemacht. Dies wird durch einen Umkehrschluss noch bestätigt: Hätte G (etwa auf eine denkbare Anregung des FinA) der Ansicht des BMF entgegentreten und folglich das Erlöschen einer Rechtsposition bei den Termingeschäften fortan steuerlich berücksichtigen wollen, so hätte er nach dem schriftlich vorgebrachten Begehren des ZKA vor dem FinA (vgl. Ziff. 1.3.4), eine entsprechende Umformulierung des Gesetzestextes veranlasst um seinem ggf. anderslautenden Willen Ausdruck zu verleihen. Dies ist nicht geschehen und gerade vor dem Hintergrund der Forderung des ZKA nach einer Gesetzeskorrektur zu Gunsten der Anleger ist die Wahrung des Status Quo als bewusste rechtspolitische Entscheidung des G einzuordnen. Beruht der Gesetzeswortlaut auf einer rechtspolitischen Entscheidung, ist eine teleologische Auslegung ausgeschlossen (Ziff. 2.5), so dass die „Teleologie-Logik" in 50/09 schon deshalb nicht auf das geltende Recht übertragen werden kann. Damit kann sich 48/14 derlei Teleologie nicht vermittels Verweises auf 50/09 nutzbar machen.

4.1.2 Vergleich mit einem Direktanleger (zu 48/14 und 50/09)

Die *Alt-Norm* wie die *geltende Norm* dienen der Erfassung der dem Termingeschäft zu Grunde liegenden Basisgeschäfte. Kapitalanleger sollen insoweit gleichgestellt werden, unabhängig davon, ob sie die Basiswerte tatsächlich selbst anschaffen / veräußern oder sich zur Erzielung der Kapitalerträge hierfür eines Termingeschäftes (Differenzgeschäftes), insbesondere einer Option bedienten. Geschäfte mit den Basiswerten werden beim Direktanleger auch nur dann erfasst, wenn sie tatsächlich durchgeführt werden. Aufwendungen im Zusammenhang mit nicht durchgeführten Geschäften können allenfalls darauf geprüft werden, ob sie als vergebliche Aufwendungen abzugsfähig sind. Angewandt auf Optionsgeschäfte hatten sich diese Erwägungen schon bei der Auslegung der *Alt-Norm* als Sackgasse erwiesen: Die Prämienaufwendungen für verfallene Optionen waren einem Werbungskostenabzug selbst dann nicht zugänglich, wenn deren begehrter Abzug als vergebliche Aufwendungen unter Hinweis auf die (gescheiterte) Absicht, Kapitalerträge zu erzielen, begründet wurde (Ziff. 4.2). Für geltendes Recht gilt insoweit nichts anderes.

4.1.3 Systematische Erwägungen (zu 48/14)

Der ersichtliche Wille des *G,* auch bei den Termingeschäften nicht auf Rechtspositionen, die ohne gesondertes Rechtsgeschäft erloschen sind, zuzugreifen, wird auch durch systematische Erwägungen bestätigt: Hätte *G* Verluste des Berechtigten aus dem Verfall einer Option unter dem Regime der Abgeltungsteuer steuerlich erfassen wollen, so hätte *G* dies auf ähnliche Weise ins Recht gesetzt, wie er es in der Norm des § 20 Abs. 1 Nr. 4 Satz 2 EStG (für Verluste des stillen Gesellschafters) oder etwa in der Norm des § 20 Abs. 1 Nr. 11 Hs. 2 EStG (für Prämien des Glattstellungsgeschäfts, die nach Rechtsprechung und Verwaltungsmeinung vor dem 1.1.2009 ebenfalls als Werbungskosten zu berücksichtigen waren) getan hat. Möglichenfalls – dritte Option – hätte *G* § 20 Abs. 2 Satz 2 EStG-E ergänzt, wie es der ZKA vor dem FinA vom *G* gefordert hatte. Zudem geben die Gesetzesmaterialien Auskunft darüber, weshalb *G* die Anregung des ZKA, welche zentral auf die Bedeutung des sog. Nettoprinzips abstellte, nicht aufgegriffen hat: Das Nettoprinzip gebietet die steuerliche Berücksichtigung des Erlöschens einer Rechtsposition nicht, wenn *G* die „unmittelbaren Aufwendungen" des tatsächlich ausgeübten Geschäftes zum Abzug zulässt[206] (§ 20 Abs. 4 Satz 5 EStG).

4.2 Vergebliche Aufwendungen (zu 50/09)

Zum überkommenen Recht war in Teilen der Literatur die Vorstellung präsent, es lägen im Verfallsfalle vergebliche Werbungskosten vor[207] und einige Literaten folgen solcher Lesart auch für das Abgeltungsteuerregime[208]: Das objektive Nettoprinzip gebiete die Berücksichtigung vergeblicher Aufwendungen[209]. Das FG München[210] – die Vorinstanz zu 50/09 – hatte diesen Gedanken im Jahre 2009 für Zwecke der *Alt-Norm*-Auslegung explizit aufgegriffen: Der Kläger könne die aus dem Wertverlust der Optionen herrührenden Aufwendungen als Werbungskosten bei seinen Einkünften gemäß § 22 Nr. 2 EStG a.F. geltend machen, weil es sich um vergebliche und fehlgeschlagene Aufwendungen handele. Der Kläger habe die Kauf- und Verkaufsoptionen erworben, um daraus Gewinne zu erzielen und sonach mit Einkünfteerzielung gehandelt. Die nachgehende Erkenntnis 50/09 äußert sich zur o.a. Begründung der Vorinstanz nur insoweit, als das FG jedenfalls im Ergebnis richtig liege. Dieses Schweigen des *S9* zu den vorinstanzlichen Erwägungen gründet, wie der Klammerhinweis von 50/09 auf § 126 Abs. 4 FGO belegt, auf der Einsicht des *S9*: Die Vorinstanz liege damit „daneben".

Wäre *S9* davon überzeugt gewesen, so hätte er „bestätigt" und auf die Entwicklung einer eigenen, anderen Begründung zur Stattgabe der Klage verzichtet. Tatsächlich hatte die Vorinstanz vollends rechtsirrig entschieden, weil ihr das Wesentliche verborgen blieb: Nicht der Abzug vergeblicher Aufwendungen war im Streit, sondern die Frage nach der Verwirklichung des Steuertatbestandes. Dem FG München war zudem entgangen, dass die von ihm behandelte Frage schon höchstrichterlich geklärt war: Zen-

---

205 *Meinert/Helios*, DStR 2013, 508, 510.
206 BR-Drs. 220/07 v. 30.3.2007 zu § 20 Absatz 4 Satz 5.
207 *Philipowski* in: DStR 2007, 1615; DStR 2004, 978; zuletzt *Moritz/Strohm*, DB 2016, 1658, 1661; offen lassend: *Moritz*, DB 2016, 923, 925.
208 *Moritz/Strohm*, DB 2016, 1658, 1662.
209 *Patzner/Wiese*, BB 2016, 409, 410; so wohl auch: *Meinert/Helios*, DStR 2013, 508, 510 li. Sp.
210 FG München v. 8.10.2009, 15 K 1050/09, EFG 2010, 222, nachgehend 50/09.

trales Argument des FG war nämlich der Hinweis auf eine Entscheidung des VI. Senates des BFH[211] in einer Arbeitnehmersache, hinsichtlich des Verfalls von Optionen, die ein Arbeitgeber seinem Arbeitnehmer als Teil des Arbeitslohns eingeräumt hatte. Diese Rechtsprechung übertrug das FG auf die Anwendung des § 23 EStG a.f. bezüglich fehlgeschlagener Termingeschäfte.

Das FG München hatte jedoch verkannt, dass der BFH einen nicht zu vergleichenden Sachverhalt beurteilte[212], denn im Falle des VI. Senates des BFH standen die dort streitigen Aufwendungen im Zusammenhang mit Einnahmen, die als Einkünfte aus nichtselbständiger Arbeit im Sinne von § 19 EStG einen Steuertatbestand erfüllten[213]. Diese Voraussetzung war im Falle des FG München nicht gegeben, weil der dortige Kläger nichts „erlangt" (im Sinne der *Alt-Norm*) und damit den (allenfalls in Betracht kommenden) Besteuerungstatbestand nicht erfüllt hatte, was *S9* – mangels verständlicher Begründung zu Unrecht – mit nachfolgender Einsicht 50/09 anders sieht. Die Aufwendungen für die Anschaffung des Optionsrechts waren also – schon im überkommenen Recht (des § 23 EStG) – nicht als vergebliche Aufwendungen zum Abzug zu bringen[214].

Im geltenden Recht erübrigt sich der Gedanke an vorweggenommene Werbungskosten ohnedies, weil das Gesetz einen Abzug von Werbungskosten ausschließt (§ 20 Abs. 9 EStG) und – für den Fall einer Tatbestandserfüllung – der spezialgesetzliche Aufwandsabzug gemäß § 20 Abs. 4 Satz 5 EStG die Anschaffungskosten der Optionen – dem objektiven Nettoprinzip folgend – als „unmittelbare Aufwendungen" einschließt. Genau besehen hätte *S9* der von der Vorinstanz angesprochenen Frage nach vergeblichen Werbungskoten in 50/09 nicht gänzlich aus dem Wege gehen dürfen. Hätte sich *S9* mit der – im Verhältnis zur 50/09-Begründung – gänzlich anders gestrickten Einlassung seiner Vorinstanz näher beschäftigt, so hätte *S9* erkennen können, dass das, was *S9* mit 50/09 vorhatte, nämlich den steuermindernden Abzug fruchtloser, vergeblicher Aufwendungen eines Hochrisikogeschäftes, genau das durchsetzt, was die Vorinstanz so umfänglich aber fehlgehend (siehe oben) begründet hatte. Damit hat letztlich auch die vollständig umgangene Befassung des *S9* mit den Erwägungen seiner Vorinstanz zum „Gelingen" der Fehlentscheidung 50/09 beigetragen.

Hätte sich *S9* mit dem Gedanken der Vorinstanz aber näher beschäftigt – sei es zunächst auch nur um begründend vorzutragen, er könne der Einsicht der Vorinstanz (so) nicht folgen – so wäre *S9* aufgegangen, dass auch das Ergebnis seiner „50/09-Erfindung" (Vorteil infolge verhinderten Nachteils) dem für alle Einkunftsarten geltenden Grundsatz widerspricht, wonach der steuerwirksame Abzug „vergeblicher Aufwendungen" einen konkret ersichtlichen Bezug zur Einkunftssphäre bedingt. Einmal anders gewendet: Die Einsicht 50/09 könnte auch nicht deshalb treffende Auslegung sein, weil sie bloß eine letztlich treffende Wertung der Vorinstanz umsetzte. Auch solches wäre nicht denkbar, weil die Vorinstanz damit neben der Sache lag (siehe oben).

---

211 BFH v. 3.5.2007, VI R 36/05, BStBl II 2007, 647.
212 So auch nach FG München (Fn. 210): BFH v. 13.1.2010, IX B 110/09, BFH/NV 2010, 869.
213 So schon vor FG München (Fn. 210): 11/06.
214 Treffend: *Metzger/Tschesche*, jurisPR-BKR 5/2008 Anm. 4; treffend auch: 154/10.

Es bleibt also die Frage, ob sich *S9* in 50/09 mit den Erwägungen seiner Vorinstanz überhaupt befasst hat. Einziger Anhaltspunkt für die Beantwortung dieser Frage ist der Klammerhinweis des *S9* auf § 126 Abs. 4 FGO, der Hinweis auf eine Norm also, welche voraussetzt, dass die Entscheidungsgründe der Vorinstanz eine Verletzung des bestehenden Rechts ergeben. Im Ergebnis behauptet *S9* damit eine Rechtsverletzung der Vorinstanz, ohne jedoch zu begründen oder auch nur anzudeuten, worauf diese Verletzung gründet. Aus dieser „Nichtbefassung" des *S9* lässt sich jedoch nichts herleiten[215], weshalb in der Literatur auch nach dem Ergehen von 50/09 begründend vorgetragen wurde, der Gedanke der Vorinstanz zu 50/09 (vergebliche Werbungskosten bejaht) greife bereits bei ausgelaufenem, erst recht aber bei geltendem Recht[216].

Man könnte auch sagen, der Gedanke der Vorinstanz zu 50/09 erweist sich nicht a priori als abwegig, sondern bedarf zunächst einer näheren Erwägung, deren Gründe – durch die Feder des *S9* – offen zu legen sind. Dies gilt erst recht, wenn *S9* ersichtlich wird, dass seine Begründung, welche diejenige seiner Vorinstanz als tragend ersetzen soll, mit einer Sachverhaltsfiktion[217] arbeitet, obgleich *S9* bekannt ist, dass sich die Rechtsprechung die Erstellung von Sachverhaltsfiktionen untersagt hat. Damit ersetzte *S9* im Ergebnis eine (von seiner Vorinstanz zum Einsatz gebrachte und) im Einkommensteuerrecht erprobte wie mit den Mitteln des Auslegungskanons gewonnene Betrachtung (Grundsätze zur Behandlung vergeblicher Aufwendungen) durch eine unerprobte Betrachtungsweise, deren Zulässigkeit (hier: „verbotene" Sachverhaltsfiktion) zu bezweifeln ist (Ziff. 2.3.2.2 b).

S9 verzichtete auf die Prüfung des zunächst Naheliegenden (Gründe der Vorinstanz: vergebliche Werbungskosten) und ersetzte das Naheliegende durch eine „unorthodoxe" Betrachtung. Damit lässt *S9* in 50/09 seine Gutachter im Unklaren darüber, zu welchem Auslegungsergebnis *S9* gelangt wäre, hätte er die Begründung seiner Vorinstanz einer näheren Prüfung unterzogen. Mag sein, dass *S9* vergebliche WK ausgeschlossen hätte. Mag aber auch nicht sein, denn dessen Vorinstanz hatte es immerhin so begründend vertreten, ebenso wie Teile der Literatur auch heuer noch[218]. Es wäre eben auf die Begründung des *S9* angekommen. Doch *S9* schweigt dazu und auch dies hat seinen tieferen Grund: Es wäre *S9* ein Leichtes gewesen, auf 11/06, 154/10 oder IX B 110/09[219] zu verweisen, um darzutun, *S9* habe sich bereits in gefestigter Rechtsprechung gegen vergebliche Werbungskosten verwendet[220]. Allerdings hätte sich *S9* bei solcher Begründung erwägend mit 11/06 als auch mit der hierzu begründeten Einlassung seiner Vorinstanz befassen müssen. Diese hatte nämlich ausgeführt, sollten 11/06 und 69/07 jeweils dahingehend zu verstehen sein, die Aufwendungen des *OK* seien auch nicht als vergebliche Anschaffungskosten bzw. Werbungskosten im Rahmen eines beabsichtigten, jedoch fehlgeschlagenen Optionsgeschäfts abziehbar, könne sich das FG dieser Rechtsansicht des *S9* nicht anschließen[221].

---

215 *Stein* (Fn. 8), 81.
216 *Moritz/Strohm*, DB 2013, 603, 605 f.
217 *Moritz/Strohm*, DB 2013, 603, 607 li. Sp.
218 *Moritz/Strohm*, DB 2013, 603, 605 f.
219 BFH v. 13.1.2010, IX B 110/09, BFH/NV 2010, 869.
220 Eingehend *Stein* (Fn. 8), 70 ff.
221 Siehe *Stein* (Fn. 8), 80.

Allein *S9* hat in 50/09 keinerlei „Kenntnis" von seiner Vorentscheidung 11/06, denn *S9* erwähnt diese in 50/09 nicht ein einziges Mal[222]. Wenn *S9* jedoch nicht einmal seine eigene einschlägige Rechtsprechung (etwa: 11/06) „kennt" und sich mit den Gründen seiner Vorinstanz, die sie (nämlich: 11/06) aber „kennt" und zitiert und sich begründend davon abgrenzt, nicht befasst, wie könnte *S9* dann seinen „50/09-Gedanken" mit 48/14 überzeugend in geltendes Recht „überführen"[223], wenn sich 48/14 zwar wieder an 11/06 „erinnert", dazu aber bloß dartut, 11/06 beträfe „alte Rechtslage" (so: **Rz 15**)?

Ist es nach gängiger Methode nicht vielmehr so, dass ein „Gedanken-Transfer" in geltendes Recht nur dann gelingen kann, wenn der zu transportierende Rechtsgedanke schon im alten Recht als überzeugend zu beurteilen war? Wenn also 50/09 schon 11/06 nicht „kennt" und 48/14 sich so auf 50/09 wie auf eine Krücke stützt, wäre dann 11/06 argumentativ noch immer nicht widerlegt? Wenn 11/06 noch immer nicht widerlegt wäre und die Ausweitung der Bemessungsgrundlage unter dem Abgeltungsteuerregime keinen grundlegenden Systemwechsel mit sich gebracht hätte, so dass einer Fortgeltung des tradierten Dualismus der Einkunftsarten das Wort zu Reden wäre (Ziff. 3.2.3), würde dann heute noch gelten, was – lies 11/06 – gestern schon galt?

Es bleibt einmal mehr die Frage offen, weshalb sich *S9* in 50/09 nicht mit seiner entgegenstehenden Auslegung 11/06 befasst hat. Zufälligkeit lässt sich aus den soeben benannten Gründen ausschließen, denn *S9* war bereits durch die Gründe seiner Vorinstanz unmittelbar auf seine Erkenntnis 11/06 hingewiesen worden. Als letzte Deutungsmöglichkeit käme nur in Betracht, dass 50/09 ein willkürliches Ergebnis ist.

Mit den Mitteln der Rechtslogik lässt sich diese Frage nicht im Sinne eine Bejahung beantworten. Dies ist auch nicht nötig. Denn eine Kollision mit der Verfassung hätte bereits stattgefunden, wenn nicht auszuschließen wäre, dass die Entscheidung 50/09 kein willkürliches oder zufälliges Ergebnis ist. Solch fehlender Ausschluss wäre gegeben, wenn man den Weg mit jener Methode auf welche sich die Rechtsfinder geeinigt haben, kein zweites Mal beschreiten kann. So liegt der Fall hier, denn eine detaillierte Heranziehung aller Auslegungsmethoden führt zu einem eindeutigen Ergebnis:

50/09 ist eine willkürverhaftete Sonderheit, weil deren methodische Ergründung nicht möglich ist[224].

---

222 *Stein* (Fn. 8), 20 f.
223 So aber das Ansinnen von 4814, siehe – beweisend – dazu Ziff. 2; in diesem Sinne auch die Literatur: Einige Nachweise in Fn. 98.
224 *Stein* (Fn. 8).

5. Exkurs – Blick zum Barausgleich des *SH* im geltenden Recht

Im Jahre 2016 kam Bewegung in den Streit, wie ein vom *SH* bei einer (vom *OK* veranlassten) Optionsausübung (an Stelle einer Lieferung) zu zahlender Barausgleich im geltenden Recht zu behandeln ist[225].

5.1 Auffassung des BMF (in 2007) und des FG Hamburg (in 2016)

Das BMF[226] beurteilt den vom *SH* geleisteten Barausgleich als steuerlich unbeachtlich und das FG Hamburg[227] hat sich dem im Jahre 2016 angeschlossen. BMF beruft sich auf den Normwortlaut (§ 20 Abs. 1 Nr. 11 EStG) und führte hierzu bereits im Jahre 2007 aus[228]:

„Da dem Gesetzeswortlaut nichts Entsprechendes zu entnehmen ist, bleibt es dabei, dass der Vermögensverlust, den der Stillhalter dadurch erleidet, dass er auf Grund des Optionsgeschäfts einen Barausgleich zu leisten hat, einen einkommensteuerrechtlich unbeachtlichen Vermögensschaden darstellt."

Das FG Hamburg[229] verweist für seine gleichlautende Anschauung auf die Systematik der Abgeltungsteuer[230], die Einschlägigkeit des § 20 Abs. 9 EStG[231], die Nichteinschlägigkeit der *SH*-Norm (Abs.1 Nr. 11)[232], der *geltenden Norm*[233], des § 20 Abs. 1 Satz 1 Nr. 3 Buchstabe b EStG[234] und des § 20 Abs. 1 Nr. 7 EStG[235] sowie auf die Verschiedenheit der Steuersubjekte (*SH* einerseits, *OK* andererseits)[236].

5.2 Andere Auffassung des ZKA während des Gesetzgebungsverfahrens (in 2007)

Kreditwirtschaftliche Verbände hingegen hatten bereits während des Gesetzgebungsverfahrens (UntStRefG 2008) zum Besteuerungsentwurf des *SH* mehrfach die Abzugsfähigkeit des vom *SH* geleisteten Barausgleichs gefordert[237]. Am deutlichsten kommt dies in der im WebArchiv des Bundestages dokumentierten Forderung des ZKA in der Anhörung vor dem FinA vom 20.4.2007[238] zu § 20 Abs. 1 Nr. 11 EStG-E zum Ausdruck:

---

225 Für einen Abzug des *SH*-Barausgleiches schon: *Philipowski* in: DStR 2009, 353; 2010, 2283; 2011, 1298.
226 BMF v. 18.1.2016, BStBl I 2016, 85, Rz. 26, 34.
227 FG Hamburg v 10.6.2016, 5 K 185/13, EFG 2016, 1432.
228 *Hahne*, BB 2008, 1101, 1102: *„So wird in einem Schreiben des Schreiben des BMF vom 14.12.2007 (Az. IV B 8 – S9 2000/07/0001, Tz. 4 Buchst. b. an die kreditwirtschaftlichen Verbände ausgeführt:....."*.
229 FG Hamburg v 10.6.2016, 5 K 185/13 (Rdn. 65 ff.).
230 FG Hamburg v 10.6.2016, 5 K 185/13 (Rdn. 90 bis 98).
231 FG Hamburg v 10.6.2016, 5 K 185/13 (Rdn. 99 bis 103 und 116 und 128).
232 FG Hamburg v 10.6.2016, 5 K 185/13 (Rdn. 68 ff.) unter Einbeziehung des Wortlauts (Rdn. 70 bis 76), der Gesetzesbegründung (Rdn. 77 bis 80), der Systematik (Rdn. 81 bis 86) und dem Sinn und Zweck der Norm (Rdn. 81 bis 86).
233 FG Hamburg v 10.6.2016, 5 K 185/13 (Rdn. 104 bis 126).
234 FG Hamburg v 10.6.2016, 5 K 185/13 (Rdn. 130).
235 FG Hamburg v 10.6.2016, 5 K 185/13 (Rdn. 68 f.).
236 FG Hamburg v 10.6.2016, 5 K 185/13 (Rdn. 129).
237 *Haisch/Kampe*, FR 2010, 311, 315.
238 http://webarchiv.bundestag.de/cgi/showsearchresult.php?fileload=/srv/www/htdocs/archive /2008/0314/ausschuesse/a07/anhoerungen/057/Stellungnahmen/29-Zentraler_KreditA.pdf&id =1067 (abgerufen am: 4.4.2016: Schreiben des Zentralen Kreditausschusses, Berlin vom 20.4.2007 – DA/Dr.Dk/kg – A V/11/12a zum Entwurf eines Unternehmensteuerreformgesetzes 2008 – Teil II: Abgeltungsteuer –, Anlage, dort Seite 2 f.).

„Stillhalterprämie: ...

Ferner ist eine Regelung erforderlich, die es dem Stillhalter bei der Ausübung der Option erlaubt, den von ihm zu zahlenden Barausgleich steuerlich geltend zu machen. Eine Nichtberücksichtigung würde das Nettoprinzip eklatant verletzen.

Begründung ...

<u>*Vom Stillhalter bei Ausübung gezahlter Barausgleich als negative Einnahmen*</u>*:*

Auch bei der Ausübung von Optionen darf im Ergebnis nur der verbleibende Vermögenszuwachs beim Stillalter der Besteuerung unterworfen werden.

Dies ist aber nur sichergestellt, wenn es sich um Optionen auf handelbare Basiswerte (z. B. Aktien) handelt. Übt der Inhaber einer Kaufoption diese aus, muss der Stillhalter den Basiswert liefern; beim Stillhalter ergibt sich ein steuerlich relevantes Wertpapierveräußerungsgeschäft. Wird eine Verkaufsoption ausgeübt, muss der Stillhalter den Basiswert ankaufen; auch hier kommt es zu einem steuerlich relevanten Wertpapierveräußerungsgeschäft. Der Verlust aus der Ausübung der Option wird folglich steuerlich berücksichtigt

Bei Optionen auf nicht handelbare Werte (Index-Optionen) fehlt es hingegen an einer Regelung, die dies sicherstellt.

Beispiel:

Bei einem Kurs des Index A von 500 verkauft der Stillhalter 200 Optionen mit dem Basispreis 400. Dafür erhält er eine Prämie von 100 pro Option = 20.000 €. Am Fälligkeitstag liegt der Kurs des Index A bei 510. Die Optionen werden ausgeübt, der Stillhalter muss einen Barausgleich von 22.000 € leisten [(510 - 400) = 110 x 200].

Ergebnis für den Stillhalter:

Erhaltene Stillhalterprämien	*20.000 €*
Gezahlter Barausgleich	*22.000 €*
= Verlust in Höhe von	*2.000 €*

Obwohl der Stillhalter im Beispiel einen Verlust erlitten hat, muss er nach derzeitiger Auffassung der Finanzverwaltung vollumfänglich die Stillhalterprämie von 20.000 € versteuern und kann den gezahlten Barausgleich nicht gegenrechnen.

Bei künftig umfassender Wertzuwachsbesteuerung ist diese prohibitiv wirkende Besteuerung bei Optionen, bei denen nur ein Barausgleich möglich ist, nicht hinnehmbar. Sie widerspricht eindeutig dem Nettoprinzip, wonach nur der tatsächliche Vermögenszuwachs (positiv oder negativ) besteuert werden darf.

Der gezahlte Barausgleich muss daher als negative Einnahme steuerlich berücksichtigt werden.".

Doch (auch) dieses Änderungsbegehren des ZKA wurde vom FinA nicht aufgegriffen, also durch *G* nicht realisiert: Der Gesetzentwurf (§ 20 Abs. 1 Nr. 11 EStG-E) ging unverändert in und durch das Parlament und *G* hat auch in Nachhinein keine Regelung geschaffen, welche den vom *SH* gezahlten Barausgleich als negative Kapitaleinnahme steuerlich berücksichtigt.

5.3 Ebenso andere Auffassung des *S8* (in 2016) und des FG Niedersachsen (in 2013)

Das FG Niedersachsen[239] beurteilte dies anders und plädierte (im Jahre 2013) für negative Kapitaleinkünfte im Rahmen einer Analoganwendung der Norm des § 20 Abs. 1 Nr. 11 EStG. *S8* erkannte im direkten Nachgang (im Jahre 2016) ebenso auf Stattgabe, indessen auf Grundlage einer Direktanwendung der *geltenden Norm*[240].

5.4 Kritische Bewertung von VIII R 55/13

S8 fasst sich kurz[241] und widerspricht dem BMF[242] (Ziff. 5.1). Allerdings kann sich *S8* damit nicht verständlich machen (folgewidriger Aufbau der Begründung), weshalb die Entscheidung VIII R 55/13 als Ausnahme zur bisherigen *S8*-Qualitäts-Rechtsprechung[243] zu beurteilen ist. Weshalb aber ist *S8* mit VIII R 55/13 von seinem bisher hohen Qualitäts-Standard abgerückt? Zur Kritik an der Struktur der VIII R 55/13-Begründung nun im Einzelnen:

5.4.1 Zustimmung zu *S8*: Barausgleich nicht von § 20 Abs. 1 Nr. 11 EStG erfasst

S8[244] ist darin zuzustimmen, dass für eine verlustbringende Analoganwendung des § 20 Abs. 1 Nr. 11 EStG kein Raum ist: Der vom *SH* gezahlte Barausgleich wird von Nr. 11 ersichtlich nicht erfasst[245]. Zur Begründung führt *S8* an, diese Norm regele den Barausgleich nicht[246] und für eine Analoganwendung der Norm fehle es an einer planwidrigen Regelungslücke[247]. Beide Erkenntnisse des *S8* sind folgerichtig: Die in Nr. 11 normativ fehlende Regelung des Barausgleichs ergibt sich unmittelbar aus dem Normwortlaut[248] (BMF, Ziff. 5.1) und die fehlende planwidrige Regelungslücke gründet auf dem Umstand, dass *G* schon infolge der anderslautenden Einwände des ZKA vor dem FinA (Ziff. 5.2) genau wusste was er da tat: Es liegen keine ernstzunehmenden Aspekte vor, welche auf einen anderslautenden Regelungswillen des *G* schließen lassen könnten[249]. Das FG Niedersachsen[250] hatte mit seiner anderslautenden Auslegung übersehen, dass eine verfassungskonforme Auslegung voraussetzt, dass mehrere Optionen der Norminterpretation bestehen. Dies ist bei Nr. 11 nicht der Fall, weil – gut ersichtlich – nur eine Auslegung ernstlich vertretbar ist, nämlich diejenige des BMF (Ziff. 5.1),

---

239 Niedersächsisches FG v. 28.8.2013, 2 K 35/13, EFG 2014, 541, nachgehend teils anders: *S8* in VIII R 55/13.
240 VIII R 55/13: Rdn. 28 bis 32.
241 VIII R 55/13: Rdn. 28 bis 32.
242 VIII R 55/13: Rdn. 28 Satz 1.
243 Wissenschaftlich fundierte Aufarbeitungen nach Maßgabe der zulässigen Auslegungsregeln; hier nur einige Beispiele für „einwandfreie" *S8*-Begründungen: BFH v. 12.5.2015, VIII R 4/15, BStBl II 2015, 835; BFH v. 14.5.2014, VIII R 37/12; BFH v. 14.5.1991, VIII R 31/88, BStBl II 1992, 167; BFH v. 13.10.1998, VIII R 78/97, BStBl II 1999, 163; BFH v. 7.4.1992, VIII R 79/88, BStBl II 1992, 786; BFH v. 16.12.1986, VIII R 375/83, BStBl II 1987, 366.
244 VIII R 55/13: Rdn. 28 Satz 3, 32 Satz 2.
245 FG Hamburg v 10.6.2016, 5 K 185/13 (Rdn. 70 bis 98).
246 VIII R 55/13: Rdn. 32 Satz 2.
247 VIII R 55/13: Rdn. 28 Satz 3.
248 Im Ergebnis ebenso: FG Hamburg v 10.6.2016, 5 K 185/13 (Rdn. 70 bis 76).
249 Eingehend: FG Hamburg v 10.6.2016, 5 K 185/13 (Rdn. 68 bis 86).
250 Niedersächsisches FG v. 28.8.2013, 2 K 35/13, EFG 2014, 541, nachgehend teils anders: *S8* in VIII R 55/13.

was *S8* – jedenfalls im Ergebnis – vermittels seines Hinweises auf das Fehlen[251] einer *„planwidrigen Regelungslücke"* zum Ausdruck bringt.

5.4.2 Kritik I zu *S8*:
Geltende Norm erfasse den vom *SH* geleisteten Barausgleich

S8 ist jedoch entgegenzutreten, wenn er den vom *SH* geleisteten Barausgleich der *geltenden Norm* unterwirft[252]. Zum diesbezüglichen Vortrag des *S8* und dessen Bewertung im Einzelnen:

a) Wertzuwächse:
S8 trägt unter Hinweis auf BTDrucks 16/4841, 55 vor, auch die *geltende Norm* regele (neben Abs. 1 Nr. 11) die Besteuerung von Wertzuwächsen aus Termingeschäften[253]. Dies trifft für den konkreten (punktuellen) Anwendungsbereich (Ziff. 3.2.2) der *geltenden Norm* grundsätzlich zu, sofern man zudem einen Paradigmenwechsel im Sinne einer generellen Substanzbesteuerung notwendig verneint[254].

b) Zustimmung S8: Geltende Norm entspricht Hs. 1 der Alt-Norm:
S8 trägt weiter vor, der Wortlaut der *geltenden Norm* entspreche im Wesentlichen dem Hs. 1 der *Alt-Norm*[255]. Das trifft zu.

c) Entgegen S8: SH praktiziere Termingeschäfte:
S8 zitiert sodann den Wortlaut der *geltenden Norm*[256] um sogleich vorzutragen, zu den Termingeschäften gehören auch Optionsgeschäfte[257]. Dies trifft zwar im Allgemeinen, für den *SH* aber gerade nicht zu. Die Optionseinräumung des *SH* an den *OK* ist kein Termingeschäft[258], wie *S9* bereits mit Blick auf die *Alt-Norm* erkannte: Die Einräumung der Option erfüllt für den *SH* nicht die Voraussetzung eines Termingeschäftes, denn die *Alt-Norm* habe nur Erwerbe, nicht aber den Fall, dass ein Stpfl. (*SH*) einem anderen eine Option einräumt und dafür eine Prämie vereinnahmt, erfasst[259].

Dies erkennt – ebenfalls mit Blick auf die *Alt-Norm* – zwar auch *S8*[260], zieht dann aber – auch unter Verweis auf die Trennungstheorie[261] – den Fehlschluss, diese Aussage (*SH*-Prämie unterfalle nicht der *Alt-Norm*) beziehe sich allein auf überkommenes Recht[262]. Für geltendes Recht (für die Anwendung der *geltenden Norm*) gelte die Einheitsbetrachtung des *S9* aus 48/14[263]. Daraus – so könnte man *S8* jedenfalls insgesamt[264] verstehen – sei zu schließen, das Handeln des *SH* sei nach Maßgabe der

---

[251] VIII R 55/13: Rdn. 28 Satz 3.
[252] VIII R 55/13: Rdn. 28 Satz 2, 30 Satz 8; 32 Satz 3; Begründung hierfür im Wesentlichen in Rdn. 30.
[253] VIII R 55/13: Rdn. 30 Satz 1.
[254] Ziff. 1.3.6, 2.3.2, 3.2.4, 3.2.5.
[255] VIII R 55/13: Rdn. 30 Satz 2.
[256] VIII R 55/13: Rdn. 30 Satz 3.
[257] VIII R 55/13: Rdn. 30 Satz 4.
[258] BFH v. 17.4.2007, IX R 40/06, BStBl II 2007, 608.
[259] BFH v. 17.4.2007, IX R 40/06, BStBl II 2007, 608; BFH v 25.5.2010, IX B 179/09, BFH/NV 2010, 1627; BFH v. 11.2.2014, IX R 10/12, BFH/NV 2014, 1020 (Rdn. 36); BFH v. 11.2.2014, IX R 46/12, BFH/NV 2014, 1025 (Rdn. 21); vgl. zuletzt: FG Hamburg v 10.6.2016, 5 K 185/13, Rdn. 112.
[260] VIII R 55/13: Rdn. 18 Satz 1.
[261] VIII R 55/13: Rdn. 18 Sätze 3 bis 5.
[262] VIII R 55/13: Rdn. 18 Satz 2.
[263] VIII R 55/13: Rdn. 18 Satz 6.
[264] Mithin unter Hinzunahme der Erläuterungen in VIII R 55/13: Rdn. 28 ff. – neues Recht –.

geltenden Norm (einschließlich „neuer" Einheitsbetrachtung des *S9* in 48/14) als Termingeschäft zu werten[265].

Auch einer solchen Beurteilung des *S8* wäre entgegenzutreten: Zur Begründung bezieht sich *S8* auf 50/09[266]. 50/09 betraf jedoch einen *OK*, nicht einen *SH* und entbehrt – infolge schwerwiegender Begründungsmängel – methodischer Aufklärung[267] (Ziff. 2). Ebenso unbehilflich wäre eine gesonderte Berufung auf die Einheitsbetrachtung des *S9*, weil es *S9* unterlassen hat, die Aufgabe der Trennungstheorie in 48/14 rechtslogisch nachvollziehbar zu begründen (Ziff. 1.3.2): Die von *S9*[268] gut begründete – Trennungstheorie gilt sonach – anders als *S8*[269] meint – auch im geltenden Recht fort.

Ergo: Auch unter dem Regime der Abgeltungsteuer (*geltende Norm*) ist die Leistung des *SH* nicht als Termingeschäft zu beurteilen, weshalb der *SH*-Barausgleich schon nicht der *geltenden Norm* unterfallen kann. Doch selbst wenn *S8* die Einheitsbetrachtung des *S9* (48/14) für geltendes Recht fortsetzen wollte[270] und es *S8* (in einer späteren Entscheidung) doch noch gelänge, eine Einheitsbetrachtung rechtslogisch nachvollziehbar zu begründen[271], könnte der *SH*-Barausgleich noch immer nicht der *geltenden Norm* unterfallen, weil es beim *SH* am Rechtserwerb und an dem Erlangen eines Barausgleiches fehlt. Im Einzelnen:

d) Entgegen S8: SH könne negativen Barausgleich erlangen:

S8 führt sodann an, Gewinn (im Sinne des § 20 Abs. 4 Satz 5 EStG) könne auch ein Verlust sein[272] und der *SH* könne nach der *geltenden Norm* einen negativen Differenzausgleich (Barausgleich) erlangen[273]. Letzteres lässt sich rechtslogisch aber nicht nachvollziehen: Die Einkommensteuer ist eine Personensteuer (§ 1 EStG) und *SH* müsste die Tatbestandsmerkmale der *geltenden Norm* erfüllen. Die *geltende Norm* aber regelt die Besteuerung des *OK*, nicht diejenige des *SH*[274]. Einen Gewinn „*bei Termingeschäften*" kann nur der *OK*, nicht der *SH* (der für seine Verpflichtung nur die – schon zivilrechtlich sowie nach § 20 Abs. 1 Nr. 11 EStG isoliert zu sehende – *SH*-Prämie erhält) erlangen[275]. Mit „*erlangt*" beschreibt die *geltende Norm* einen tatsächlichen Vorteil, keinen Nachteil[276] (Ziff. 2.3.1.2), während die Einkünfteermittlungsvorschrift des § 20 Abs. 4 Satz 5 EStG auch Verluste umfassen kann[277]. Um dem Anwendungsbereich der *geltenden Norm* zu unterfallen, müsste der *SH* einen Barausgleich „*erlangt*" haben. Den Barausgleich hat der *SH* jedoch nicht erlangt, sondern muss diesen – im Gegenteil – zahlen: *SH* „*erlangt*" nichts, denn *SH* zahlt[278]. Zum bereits fehlenden „*Erlangen*" tritt beim *SH* das fehlende Termingeschäft: Die Leistung des *SH* (Recht einräumen,

---

265 Vgl. dazu: VIII R 55/13: Rdn. 19 Sätze 2 und 3.
266 VIII R 55/13: Rdn. 19 Satz 3, s. a. Rdn. 17 Satz 5.
267 *Stein* (Fn. 8).
268 Treffend zuletzt: BFH v. 12.7.2016, IX R 11/14, BFH/NV 2016, 1691 (Rn. 27 f.); BFH v. 10.2.2015, IX R 8/14, BFH/NV 2015, 830 (unter II.1.a).
269 VIII R 55/13: Rdn. 18 Satz 6, 32 Satz 1.
270 Was offenkundig nicht der Fall ist, vgl. VIII R 55/13: Rdn. 32.
271 Begründungsansatz m. N. bei: Ziff. 1.3.2.
272 VIII R 55/13: Rdn. 30 Satz 6.
273 VIII R 55/13: Rdn. 30 Satz 5.
274 FG Hamburg v 10.6.2016, 5 K 185/13, Rdn. 105, 118; *Ratschow* in Blümich, EL 129 August 2015, § 20 EStG Rz. 348; a. A. *Helios/Philipp*, BB 2010, 95, 100.
275 FG Hamburg v 10.6.2016, 5 K 185/13, Rdn. 108.
276 *Stein* (Fn. 8), 30 f.
277 Vgl. VIII R 55/13: Rdn. 30 Satz 6.
278 FG Hamburg v 10.6.2016, 5 K 185/13, Rdn. 110 Satz 2.

Stillhalten) gegen Prämie bewirkt (noch) kein Termingeschäft (oben c), wie es die geltende Norm aber verlangt „*bei Termingeschäften*"[279].

Schließlich fehlt es (dem *SH*) auch am erforderlichen Erwerb: Die *geltende Norm* erfasst – wie bereits die *Alt-Norm*[280] – den Erwerb des Rechts[281]. *SH* indessen erwirbt kein Recht; *SH* räumt (dem *OK*) vielmehr ein Recht ein. Zwar erhält *SH* (dafür) eine Prämie. Dieses Entgelt ist aber schon kein „*Geldbetrag*" im Sinne der *Alt-Norm*, weil es sich nicht durch einen Wert einer veränderlichen Bezugsgröße bestimmt[282] und für die wortgleiche *geltende Norm* (Hs. 1 der *Alt-Norm*) gilt – in Ansehung des diesbezüglichen Fortschreibungswillens des G[283] – nichts anderes. Wenn also die *geltende Norm*, das Wirken des *SH* (Rechtseinräumung; Stillhaltung) nicht erfasst, bleibt es ohne Belang, wenn *S8* weiter anführt, die Norm des § 20 Abs. 4 Satz 5 EStG erfasse auch Verluste[284], was auch die Verfassung gebiete[285]. Denn: Die Norm des § 20 Abs. 4 Satz 5 EStG (Ermittlungsnorm) schlägt denknotwendig nicht ein, wenn – mangels Steuerbarkeit des Vorgangs – bereits die *geltende Norm* außen vor bleibt[286] (Abschichtung).

5.4.3 Kritik II zu *S8*:
Alt-Norm erfasse den vom *SH* geleisteten Barausgleich

S8 beurteilt den *SH*-Barausgleich aber auch nach überkommenem Recht und trägt insoweit vor: Der *SH*-Barausgleich sei gemäß der *Alt-Norm* als Verlust zu berücksichtigen[287]. Dieser Beurteilung ist entgegenzutreten; zur Kritik im Einzelnen:

a) Beurteilung nach S9 bisher (bis 2015/2016):

Die vom *S8* vereinnahmten Prämien unterlagen vor 2009 der Besteuerung nach § 22 Nr. 3 EStG a. F (vgl. a. Ziff. 2.3.1.5)[288]. Ein vom *SH* geleisteter Barausgleich gehörte zu den Aufwendungen, die nicht die Höhe der *SH*-Einnahmen berührten[289].

b) Kritik zur Beurteilung nach S8 nunmehr (ab 2016):

Nach der Ansicht von *S8* sei der *SH*-Barausgleich hingegen – was *S9* noch ausgeschlossen hatte (oben *a*) – gemäß der *Alt-Norm* als Verlust zu berücksichtigen[290]. Dies bedeutet eine Änderung der Rechtsprechung (des *S9*) zu längst ausgelaufenem Recht. *S9* hatte den *SH*-Barausgleich als nicht mit der *SH*-Prämie (steuerliche Einnahme) verrechenbar beurteilt und insbesondere nicht unter den Tatbestand der *Alt-Norm* subsumiert[291]. *S8* legt seine Rechtsprechungsumkehr in VIII R 55/13 aber nicht offen, wie dessen Anschauung ohnedies kaum verständlich wird:

---

279 Vgl. a.: VIII R 55/13: Rdn. 31 Satz 1: „*bei*" Termingeschäften.
280 BFH v 25.5.2010, IX B 179/09, BFH/NV 2010, 1627; BFH v. 11.2.2014, IX R 10/12, BFH/NV 2014, 1020 (Rdn. 36, 39, 40, 42); BFH v. 11.2.2014, IX R 46/12, BFH/NV 2014, 1025.
281 FG Hamburg v 10.6.2016, 5 K 185/13, Rdn. 119, 120.
282 BFH v. 11.2.2014, IX R 10/12, BFH/NV 2014, 1020 (Rdn. 40); BFH v. 11.2.2014, IX R 46/12, BFH/NV 2014, 1025 (Rdn. 25).
283 Wahrung des Status Quo: Ziff. 1.3.4 und 4.1.1.
284 VIII R 55/13: Rdn. 30 Satz 6.
285 VIII R 55/13: Rdn. 30 Satz 8.
286 *Stein* (Fn. 8), 87 a. E..
287 VIII R 55/13: Rdn. 14 bis 20.
288 Ab 2009 werden diese Prämien von § 20 Abs. 1 Nr. 11 EStG erfasst (vgl. a. Ziff. 1.3.2.1, 1.3.2.2).
289 BFH v. 17.4.2007, IX R 40/06, BStBl II 2007, 608; zuletzt: BFH v 26.5.2010, IX B 179/09, BFH/NV 2010, 1627.
290 VIII R 55/13: Rdn. 14 bis 20.
291 BFH v. 17.4.2007, IX R 40/06, BStBl II 2007, 608.

aa) Immerhin noch treffend führt *S8* an, die *SH*-Prämie sei kein „*Geldbetrag*" im Sinne der *Alt-Norm*[292] (Ziff. 5.4.2 *d*) und die Besteuerung des Barausgleiches sei davon zu trennen[293]. Sonach aber verfällt *S8*[294] auf die Ermittlungsvorschrift im überkommenen Recht, nämlich auf § 23 Abs. 3 Satz 5 EStG a. F. um dazu vorzutragen, diese erfasse auch den negativen Barausgleich als Verlust[295], welcher (so *S8* unter Berufung auf 50/09 weiter) bei einem Termingeschäft *„erlangt"* werden könne[296]. Diese Weiterungen des *S8*[297], sind evident folgewidrig: Zunächst verwirklicht der *SH* kein Termingeschäft (Trennungstheorie, Ziff. 5.4.2 c). Sodann greift die Alt-Ermittlungsvorschrift (§ 23 Abs. 3 Satz 5 EStG a. F.) denknotwendig erst ein, wenn eine Steuerbarkeit des Vorgangs (hier: *SH*-Barausgleich) nach der *Alt-Norm* gegeben wäre (Abschichtung), was nicht der Fall ist (noch einmal: kein Termingeschäft beim *SH*; Trennungstheorie, Ziff. 5.4.2 c), weshalb sich ein Rückschluss von der Alt-Ermittlungsnorm (§ 23 Abs. 3 Satz 5 EStG a. F.) auf die *Alt-Norm* verbietet[298].

bb) Unbehilflich ist auch die Bezugnahme des *S8*[299] auf 50/09, weil 50/09 (a) den *OK*, nicht den *SH*, beurteilte und (b) 50/09 ohnedies nicht methodisch vorgeht[300] (Ziff. 2.). Insbesondere ist 50/09 nicht darin zu folgen, die *Alt-Norm* erfasse einen negativen Barausgleich (des *OK*), weil kein *OK* einen Barausgleich an den *SH* leistet, sondern das Recht, ist es aus dem Geld gelaufen, einfach verfallen lässt. 50/09 verkennt ebenso, dass sich die *Alt-Norm* nicht an Fiktionen orientiert[301] (Ziff. 2). Sowieso erklärt *S8*[302] nicht, was der von *S9* in 50/09 erfundene (rein hypothetische) negative Barausgleich (*S9* imaginär entgegen jeder Lebenserfahrung: eines *OK* an einen *SH*) mit dem von einem *SH* tatsächlich (an einen *OK*) geleisteten Barausgleich zu tun hat. Auf diese Weise kann *S8* eine Subsumtion der Leistung des *SH* unter den Regelungsbereich *Alt-Norm* jedenfalls nicht verständlich machen, zumal *S8* auf die gebotene getrennte Beurteilung der Steuersubjekte (*SH* einerseits und *OK* andererseits) verzichtet.

cc) Zu bemängeln ist mit Blick auf den Grundsatz der Rechtskontinuität (Ziff. 2.3.2) insbesondere, dass *S8* zwar ausführt, *S8* halte an der an der bisherigen Rechtsprechung (des *S9*) fest[303], obgleich *S8* in Tatsächlichkeit eine Änderung der Rechtsprechung zu überkommenem Recht vollzieht: *S8* kehrt die gefestigte Rechtsprechung des *S9*[304] zur *SH*-Besteuerung im überkommenen Recht stillschweigend um. Auch an dieser Stelle ist noch einmal daran zu erinnern, dass die Kontinuität der Rechtsprechung der von Art. 20 Abs. 3 GG umfassten Rechtssicherheit dient. Dieser Anspruch ist nicht gewährleistet, wenn *S8* eine Rechtsprechung zu längst ausgelaufenem Recht im Nachhinein ändert: Es ist nicht angemessen, eine jahrelange kontinuierliche Rechtsprechung nach Auslaufen

---

[292] VIII R 55/13: Rdn. 18 Satz 3.
[293] VIII R 55/13: Rdn. 18 Satz 5.
[294] VIII R 55/13: Rdn. 19 Satz 1.
[295] VIII R 55/13: Rdn. 19 Satz 2.
[296] VIII R 55/13: Rdn. 19 Satz 3.
[297] VIII R 55/13: Rdn. 19 Sätze 2 und 3.
[298] So aber VIII R 55/13: Rdn 19 Satz 3.
[299] VIII R 55/13: Rdn 19 Satz 3.
[300] *Stein* (Fn. 8).
[301] Eingehend *Stein* (Fn. 8).
[302] Mit seiner „Beweisführung" in VIII R 55/13: Rdn. 19.
[303] VIII R 55/13: Rdn. 16.
[304] Zuletzt in 2016: BFH v. 12.7.2016, IX R 11/14, BFH/NV 2016, 1691, Rn. 27: *„Der BFH trennt zwischen Eröffnungs-, Basis und Gegengeschäft"* u.s.w.

des Rechts wieder in Frage zu stellen, denn das führt mit Blick auf viele rechtskräftig abgeschlossene Verfahren zu einer eklatant ungleichen steuerrechtlichen Behandlung[305] (154/10).

dd) Schlussendlich ist zu bemängeln, dass *S8*, er weicht von einer Rechtsprechung eines anderen Senates (*S9*) ersichtlich ab, nicht den Großen Senat des BFH angerufen hat, wie es in diesem Fall geboten gewesen wäre. Zunächst hätte *S8* bei *S9* förmlich anfragen müssen, ob *S9* an seiner Rechtsprechung festhalte. Auch diese Anfrage hat *S8* pflichtwidrig unterlassen.

5.4.4 Kritische Gesamtauswertung; insbesondere: *S8* zur geltenden Norm

S8 fasste sich mit seiner Beurteilung zum Wirken des *SH* im Verhältnis zur *geltenden Norm* – ohne mit seiner „Herleitung" zu überzeugen – kurz[306]. Dabei fängt *S8* zunächst gut an: Treffend führt *S8* nämlich an, eine verlustbringende Analoganwendung des § 20 Abs. 1 Nr. 11 EStG scheide aus[307] (Ziff. 5.4.1). Richtig ist es auch wenn *S8* ergänzt, diese Norm gebiete eine (getrennte) Besteuerung der Prämie des *SH* und der Glattstellungsgeschäfte, ohne den Barausgleich des *SH* zu regeln[308]. Rechtslogisch unlösbar ist aber die Einsicht des *S8*, der vom *SH* geleistete Barausgleich unterfalle der *geltenden Norm*[309]. Dies ist – nach Wortlaut, Systematik und Willen des *G* – ersichtlich nicht der Fall[310] und *S8* hat es zudem verabsäumt, sich mit der Gesetzeshistorie näher zu befassen (Ziff. 5.2): Der ZKA hatte (auch) in Sachen Barausgleich des *SH* vor dem FinA dezidiert vorgetragen[311] und den FinA dringlich um ernsthafte[312] Erwägung seiner diesbezüglichen Einwendungen zum Gesetzentwurf gebeten. Allein der FinA (=*G*) blieb – nach seinen „ernsthaften"[313] Beratungen – dabei: Der vom *SH* geleistete Barausgleich bleibt steuerlich unberücksichtigt. Also schon vor diesem – historischen – Hintergrund muss die Annahme des *S8* fern liegen, *G* habe den vom *SH* geleisteten Barausgleich nach der *geltenden Norm* als negative Kapitaleinnahme erfassen wollen. Die Historie (ZKA – ohne Erfolg – vor FinA) belegt gerade das Gegenteil: *G* hat den Barausgleich bewusst von einer steuerlichen Berücksichtigung ausgeschlossen.

Zwar trägt *S8* zusätzlich vor, vermittels des Wörtchens „*bei*"[314] (einem Termingeschäft) habe *G* die *geltende Norm* weiter[315] fassen wollen als die *Alt-Norm*, was aus-

---

305 Etwa auch: BFH v. 11.2.2014, IX R 10/12, BFH/NV 2014, 1020 (Rdn. 48).
306 VIII R 55/13: Rdn. 28 bis 32.
307 VIII R 55/13: Rdn. 28 Satz 3.
308 VIII R 55/13: Rdn. 32 Satz 2.
309 VIII R 55/13: Rdn. 28 Satz 2, 32 Satz 3; 30 Satz 8.
310 FG Hamburg v 10.6.2016, 5 K 185/13 (Rdn. 104 bis 126).
311 http://webarchiv.bundestag.de/cgi/showsearchresult.php?fileToLoad=/srv/www/htdocs/archive /2008/0314/ausschuesse/a07/anhoerungen/057/Stellungnahmen/29-Zentraler_KreditA.pdf&id =1067 (abgerufen am: 4.4.2016: Schreiben des Zentralen Kreditausschusses, Berlin vom 20.4.2007 – DA/Dr.Dk/kg – A V/11/12a zum Entwurf eines Unternehmensteuerreformgesetzes 2008 – Teil II: Abgeltungsteuer –, Anlage, dort Seite 2 f.).
312 FinA, Protokoll Nr. 16/57, 44: „*Sv Schaap (Zentraler Kreditausschuss):* Ich will es damit bewenden lassen. Es gibt noch eine Reihe von anderen Punkten. Die finden Sie in unserer Eingabe. Wie gesagt, wir würden uns doch sehr dafür einsetzen, dass Sie diese Punkte in Ihren Beratungen durchaus mit Ernsthaftigkeit berücksichtigen".
313 FinA, Protokoll Nr. 16/57, 44: „*Vorsitzender Eduard Oswald:* Die Ernsthaftigkeit können Sie bei den Beratungen des Finanzausschusses immer unterstellen.".
314 VIII R 55/13: Rdn. 31 Satz 1.
315 VIII R 55/13: Rdn. 31 Satz 2.

weislich BTDrucks 16/4841, 55 dem Willen des *G* entspräche[316], zumal die Gesetzesbegründung nicht Entgegenstehendes verlauten lasse[317]. An dieser Stelle trägt *S8* erneut nicht folgerichtig vor: Einer besonderen Erwähnung (des *SH*-Barausgleiches) in der Gesetzesbegründung zur *geltenden Norm* bedurfte es nicht, weil *G* damit die Besteuerung des *OK*, nicht diejenige des *SH* regeln wollte. Einer besonderen Erwähnung (des *SH*-Barausgleiches) in der Gesetzesbegründung zu § 20 Abs. 1 Nr. 11 EStG bedurfte es gleichfalls nicht, weil der Normwortlaut eindeutig ist (für sich spricht) und bereits die Erfolglosigkeit des ZKA vor dem FinA (Ziff. 5.2) Klarstellung genug erbringt. Anhaltspunkte, wonach *G* – abgesehen vom Wegfall der Haltefrist (Hs. 2 der *Alt-Norm*) – die *geltende Norm* weiter fassen wollte als die *Alt-Norm* (deren Hs. 1) sind – anders als *S8*[318] meint – nicht ersichtlich. Dies hat einen einfachen Grund: *G* wollte bei Abfassung der *geltenden Norm* den Status Quo wahren[319], also die bisherige Rechtslage fortschreiben (Ziff.: 1.3.4; 4.1.1). Auch der Hinweis des *S8*[320] auf BTDrucks 16/4841, 55 klärt nicht auf, was *S8* zum vermeintlichen Willen des *G* vorträgt. Insbesondere ist dort nicht von einer Erweiterung des Anwendungsbereiches der geltenden Norm im Hinblick zur *Alt-Norm* die Rede[321].

Unverständlich bleibt schließlich, weshalb *S8* die Entscheidung des FG Hamburg[322] zwar als andere Ansicht erwähnt[323], ohne sich indessen näher mit dessen Begründung auseinander zu setzen. Nachdem das FG Hamburg in gründlicher Analyse aller denkbaren Aspekte herausgearbeitet hatte, dass eine Subsumtion des *SH*-Barausgleiches unter die *geltende Norm* notwendig auszuschließen ist[324], hätte eine Auseinandersetzung mit den Erwägungen des FG Hamburg nahe gelegen. *S8* jedoch übergeht diese gründliche Arbeit des FG Hamburg ebenso wie die Tatsache, dass der *SH*-Barausgleich bereits im Rahmen der Anhörung vor dem FinA zur Ansprache kam (Ziff. 5.2).

Im Ergebnis verkehrt *S8* erklärten Willen des *G* ins Gegenteil: *G* wollte den *SH*-Barausgleich (in § 20 Abs. 1 Nr. 11 EStG) ersichtlich unberücksichtigt wissen (Semantik und: ZKA erfolglos vor FinA – Historie –) und eine Subsumtion des *SH*-Barausgleiches unter die *geltende Norm* erschließt sich nicht, weil die *geltende Norm* ersichtlich auf den *OK* zugeschnitten ist. Die absente Evidenz der Anschauung des *S8* wird schlussendlich nach dieser Verprobung offenbar: Wenn also der ZKA mit seiner dezidiert geäußerten Kritik zu § 20 Abs. 1 Nr. 11 EStG-E (*SH*-Barausgleich müsse abziehbar sein) vor dem FinA gescheitert war (*G*: *SH*-Barausgleich bleibt in § 20 Abs. 1 Nr. 11 EStG gleichwohl unberücksichtigt), so ist es nicht folgerichtig, wenn *S8* vorträgt, dass *G* den *SH*-Barausgleich anderer Stelle (*geltende Norm*) zum Abzug vorsehen wollte.

---

316 VIII R 55/13: Rdn. 31 Satz 3.
317 VIII R 55/13: Rdn. 31 Satz 4.
318 VIII R 55/13: Rdn. 31 Satz 2.
319 *Stein* (Fn. 8), 10, 73 ff., 75 ff, 113.
320 VIII R 55/13: Rdn. 31 Satz 3.
321 Danach (BTDrucks 16/4841, 55) umfasse der Begriff des Termingeschäfts unter anderem sämtliche als Options- oder Festgeschäft ausgestaltete Finanzinstrumente. Dabei sei es ohne Bedeutung, ob das Termingeschäft in einem Wertpapier verbrieft ist und ob es an einer amtlichen Börse oder außerbörslich abgeschlossen werde. Kennzeichen für Termingeschäfte sei ein zeitliches Auseinanderfallen von schuldrechtlicher Begründung des Geschäftes und seiner Erfüllung bzw. Beendigung. Gemäß § 2 Abs. 2 Nr. 1 WpHG seien Termingeschäfte Festgeschäfte oder Optionsgeschäfte, die zeitlich verzögert zu erfüllen sind und deren Wert sich unmittelbar oder mittelbar vom Preis oder Maß eines Basiswertes ableite.
322 FG Hamburg v 10.6.2016, 5 K 185/13, EFG 2016, 1432.
323 VIII R 55/13: Rdn. 30 a.E.
324 FG Hamburg v 10.6.2016, 5 K 185/13 (Rdn. 104 bis 126).

Diese Unterstellung des *S8* ist durch nichts belegt: Für eine solches Ansinnen des *G* (gleichsam durch die „Hintertür") existieren keinerlei Belege zumal der *SH*-Barausgleich bereits vor 2009 (alte Rechtslage) nicht abziehbar war (Ziff. 5.4.3 a)). Nach alledem hatte *G* nur eine Fortschreibung des Rechts im Sinn (kein Abzug des *SH*-Barausgleiches), was Semantik (eindeutig: § 20 Abs. 1 Nr. 11 EStG) und Historie (Ziff. 5.2) nur bestätigen. Insofern widerspricht sich *S8* selbst, wenn er einerseits vorträgt, § 20 Abs. 1 Nr. 11 EStG sei so eindeutig, dass auch Analogie ausscheide (Ziff. 5.4.1) um sodann vorzutragen, *G* habe den *SH*-Barausgleich mit Schaffung der *geltenden Norm* erfassen wollen. Wenn *S8* dann noch vorträgt[325],

„*Ein der Berücksichtigung des Barausgleiches entgegenstehender Wille des Gesetzgebers läst sich der Gesetzesbegründung dagegen nicht entnehmen.*"

ist sogleich einzuwenden, dass die Verfassung es *S8* nicht gestattet, einem nach Sinn und Wortlaut eindeutigen Gesetz (*geltende Norm*) einen entgegengesetzten Sinn beizulegen[326]: Die *geltende Norm* erfasst die Leistung des *SH* (Recht einräumen, Stillhalten) nicht und der vom *SH* geleistete Barausgleich ist nach dem gut erkennbaren Willen des *G* steuerlich nicht abziehbar (§ 20 Abs. 1 Nr. 11 EStG samt Historie, § 20 Abs. 9 EStG).

Nach alledem ist anzunehmen, dass *S8* die – rechtskräftige – Entscheidung des FG Hamburg[327] nicht eingehend ausgewertet hat, denn andernfalls wären S8 die vorstehenden Zusammenhänge nicht verborgen geblieben und die Entscheidung des S8 wäre zu Gunsten des Fiskus ausgefallen, wenn sich *S8* zudem mit der Historie der Entstehung des Gesetzes näher befasst hätte. *S8* hätte im Rahmen solcher Befassung erkannt, dass bezüglich der ihm mit VIII R 55/13 vorliegenden Streitfrage eine schriftliche Debatte vor dem FinA ausgetragen worden war (Ziff. 5.2). Der ZKA hatte bereits anhand der Entwurfsfassung erkannt, dass der *SH*-Barausgleich steuerlich verloren ist, wenn die Entwurfsfassung des § 20 EStG nicht entsprechend abgeändert würde (noch einmal: Ziff. 5.2). Der FinA hat dieser Bitte jedoch nicht entsprochen, woraus ein der Berücksichtigung des *SH*-Barausgleiches entgegenstehender Wille des Gesetzgebers deutlich wird. Wenn *S8* also (Zitat: siehe schon oben) vorträgt[328],

„*Ein der Berücksichtigung des Barausgleiches entgegenstehender Wille des Gesetzgebers läst sich der Gesetzesbegründung dagegen nicht entnehmen.*"

ist *S8* auch darauf zu verweisen, dass der (historisch zu beleuchtende) Wille des *G* sich nicht allein aus der Gesetzesbegründung erschließt, sondern aus dem Werdegang der Entstehung des Gesetzes insgesamt. Anders gewendet: *S8* darf sich die Arbeit der Rechtsfindung nicht dadurch erleichtern, indem er darlegt, er könne der Gesetzesbegründung nichts entnehmen, was seiner vorgefassten Meinung widerspreche. Nachdem sich S8 also auch solch eingehender Ergründung und Bewertung dieses Werdegangs entzogen hat, lässt sich *S8* sodann – in Ansehung seiner Selbsttäuschung – in epischer Breite zu den Verlustausgleichs und -verrechnungsmodalitäten aus. Diese Mühe hätte sich *S8* ersparen können, wenn *S8* in der fallentscheidenden Frage mit der gebotenen

---

325 VIII R 55/13: Rdn. 31 Satz 4.
326 Etwa: BVerfG v. 27.1.2015, 1 BvR 471/10, 1 BvR 1181/10 (Rdn. 32).
327 FG Hamburg v 10.6.2016, 5 K 185/13, EFG 2016, 1432.
328 VIII R 55/13: Rdn. 31 Satz 4.

Sorgfalt erkannt hätte: Der *SH*-Barausgleich ist auch im geltenden Recht nicht abziehbar und sämtliche von S8 beantwortete Fragen zu Verlustausgleichs und –verrechnungsmodalitäten stellen sich nicht. Offenkundig hat *S8* den Schwerpunkt deshalb falsch gesetzt, weil er die Mühe gescheut hat, sich mit der Gesetzeshistorie, namentlich mit dem Einwand des ZKA vor dem FinA (Ziff. 5.2), näher zu befassen.

Resümee und Ausblick nach 48/14

a) Zuwarten auf *S8* *(offene Revision VIII R 40/15)*:

S9 übergeht mit 48/14 das aus der Rechtsquellentheorie stammende Postulat der argumentativen Präjudizienbindung. Die „Eisegese" (48/14) und der „gute Bluff" (50/09) tragen zur Causerie, nicht zur Aufklärung bei.

Die Erbringung des Beweises für die Hypothese des *Verfassers*, *S9* habe – wie schon mit 50/09[329] – auch in 48/14 nur oberflächlich gearbeitet und auch diesmal (48/14) naheliegende Erwägungen übergangen, versprach zunächst Mühsal, weil solche Überführung (des *S9*) nur vermittels eingehender Würdigung jeglicher Einzelwertung des zu begutachtenden Urteils erfolgen kann und auch eingehend geprüft werden muss, ob und wenn ja, eine wertende Verknüpfung mit den Einzelwertungen der sachlich umliegenden Entscheidungen des *S9* zu einer schlüssigen Konsequenz führt.

Mit 48/14 hat es *S9* dem *Verfasser* gleichwohl leicht gemacht, weil sich der Begründungskern dieser *OK*-Sache (48/14) „ja doch nur" auf der *OK*-Alt-Sache (50/09) abstützt (Ziff. 2) welche der *Verfasser* bereits im Februar des Jahres 2015 durchdrungen hatte[330] (Fehlentscheidung des *S9*). Die Aufdeckung der anderen Wertungswidersprüche in 48/14 – damit ist die Ansammlung jener Einzeleinwände gemeint, die Abseits der Stützung auf 50/09 eine selbständig tragende Begründungssäule errichten wollen – verlangte Fleiß, kaum Grütze, was daran liegt, dass *S9* in 48/14 durchgehend nachlässig Beweis führt (Ziff. 1).

Zudem sind diese „Zusatzargumente" des *S9* beileibe nicht so selbständig, wie *S9* dies suggeriert. Denn die nur spärlich begründeten Erwägungen zu Leistungsfähigkeit und Folgerichtigkeit hatte *S9* schon in 50/09 verwendet und – ohne 50/09 als diesbezügliche Erkenntnisquelle in 48/14 zu offenbaren – von dort (50/09) in 48/14 übernommen. Am Ende der Prüfungen war – nachdem der *Verfasser* noch das „20/14-Intermezzo"[331] des *S9* (Knock-out-Produkt, siehe Ziff. 2.7) und die *SH*-Barausgleichs-Entscheidung des *S8* (VIII R 55/13, siehe Ziff. 5.) analysierte – das Gesamtverständnis systematisch anzuhäufen.

Das Ergebnis der Begutachtung von 48/14 ist eindeutig: Auch 48/14 überzeugt nicht und unergründlich bleibt, auf welcher Fundierung die PM[332] des *S9* zu der Wertung gelangte, 48/14 folge – Zitat –

„aus dem Wortlaut, der systematischen Stellung und dem Sinn und Zweck der Regelung".

Unergründlich bleibt schon, weshalb die PM des *S9* eine Auslegung aus dem Wortlaut der Norm beschreibt, obgleich *S9* in **Rz 18** doch selbst notiert, er habe „teleologisch" ausgelegt. Überhaupt bestätigen die Gründe von 48/14 die Behauptung der *S9*-PM[333] nicht im Ansatz, denn Semantik, Systematik und Normzweck geben – dazu im Einklang mit der Historie – eine andere Auskunft: Einbußen aus dem Verfall von Optionen stellen

---

329 *Stein* (Fn. 8).
330 *Stein* (Fn. 8).
331 Zur Kritik an 20/14 zuletzt: *Moritz/Strohm*, DB 2016, 1658, 1661.
332 BFH, PM Nr. 21 v. 2.3.2016.
333 BFH, PM Nr. 21 v. 2.3.2016.

einen einkommensteuerrechtlich unbeachtlichen Vermögensschaden dar. Hat *S9* das gute Argumentieren verlernt? Diese Frage gilt zwar schon für 50/09, obschon dessen Methodik[334] weit abseits jeder anerkannten Methode liegt. Gewitzigt ist die Beweisführung in 50/09 gleichwohl, weil 50/09 den eigentlichen Logikbruch in deren Begründungskern (nämlich: Nichtausübung = verhinderter weiterer Nachteil = Vorteil) so gut verbrämt hat, dass der *Verfasser* erst Grundlagen der Argumentationstheorie (hier: „Argument" muss zum Umfeld passen) anführen musste, um greifbar zu erweisen, weshalb das „Argument" „des verhinderten Nachteils" in Tatsächlichkeit kein gültiges Argument sein kann[335].

Schwerer als dieser – von *S9* offenbar bewusst eingesetzte – unzulässige Vergleichstrick (mit dem imaginären negativen Barausgleich des *OK*) wiegt hingegen die grobe Verletzung des anerkannten wie den *S9* verpflichtenden Gebotes der (argumentativen) Präjudizienbindung (Ziff. 2.3.2.2). Denn diesem Gebot liegt der tiefere Sinn zu Grunde, das rechtlich bereits „Vorgedachte" prüfend „Nachzudenken" und *S9* schlägt in 50/09 das in seiner eigenen ständigen Rechtsprechung „Vorgedachte" (11/06, 69/07, 154/10, s. a. IX B 110/09[336]) plötzlich – unter Verzicht auf Benennung und Auseinandersetzung – ungeprüft „in den Wind". Der Begründung von 50/09 liegt damit ein rational nicht überprüfbarer Entscheidungs- und Vergleichsprozess zu Grunde. Die 50/09-Lösung des *S9* zu einem Sachverhalt, welchen man in der Realität nicht antrifft, lässt sich nicht auf reale Sachverhalte übertragen[337] (dazu nochmals näher: unten).

An keiner einzigen Stelle gewitzigt ist *S9* hingegen mit seinen Erwägungen in 48/14. Während es *S9* mit 50/09 noch gelungen war, seinen offenkundig bewusst gesetzten Begründungsfehler durch einen nicht sofort durchschaubaren Logikbruch zu verbergen, ist 48/14 fast ohne „Tarnung" seiner – allerdings zahlreichen – Begründungsfehler unterwegs. Womöglich hielt *S9* – letzte Instanz – derlei Verbrämung seiner Begründungsmängel nicht mehr für nötig. Scheinbar „Trickreich" im Sinne einer Camouflage ist an der 48/14-Beweisführung allein, dass *S9* zunächst eine Reihe anderer „Gründe" anführt um sodann, als es auf die eigentliche Fallentscheidung zugeht (Begründungskern), als **einzige Rechtsquelle** auf 50/09 zu verweisen. Doch genau besehen ist diese Vorgehensweise kein Kniff, sondern der Anker einer brüchigen Beweiskette: Kein einziger Einzeleinwand der 48/14-Begründung hat etwas Erweisliches für sich. Hat *S9* dies (für sich) ähnlich gesehen, weil er (im Kern der Begründung) doch nur auf 50/09 zurückgreift? Vollends unverständlich ist, weshalb *S9* seine *OK*-Sache 11/06 ausdrücklich der (für *S9* nach dessen eigener Begründung in 48/14 explizit nicht mehr relevanten) „*alten Rechtslage*" zuordnet (**Rz 15**) um sich sonach, als *S9* zur maßgeblichen Erkenntnis gelangt, die *geltende Norm* erfasse beim Optionsverfall auch eine negative Differenz als Verlust, unmittelbar auf eine weitere – indessen anders lautende – Entscheidung des *S9* zur „*alten Rechtslage*", nämlich auf die Entscheidung 50/09,

---

334 Nämlich: Fehlzitate auf Urteile anderer Fallgruppe, fehlende Anbindung an Urteile der einschlägigen Fallgruppe, Ausblendung der Rechtskontinuität selbst bei bereits ausgelaufenem Recht, Verbrämung eines Auslegungswandels, u.a.m.
335 *Stein* (Fn. 8), etwa: 43 bis 46 (Aufdröselung des „Wett-Beispiels") und öfter.
336 BFH v. 13.1.2010, IX B 110/09, BFH/NV 2010, 869.
337 *Stein* (Fn. 8), 46.

zu stützen[338]. Noch einmal: 11/06 und 50/09 widersprechen einander zur Auslegung der *Alt-Norm*. *S9* konnte sich zur Begründung seiner Erkenntnis also nicht gleichzeitig auf beide Entscheidungen (110/06 als auch 50/09) stützen.

Ebenso vollends unzutreffend führt *S9* schließlich aus, weil die Gesetzesbegründung schweige, habe *G* die steuerliche Behandlung des Verfalls von Optionen der Auslegung durch die Gerichte überlassen (**Rz 19**). Selbst wenn diese Einlassung des *S9* noch als Teil seiner – im Übrigen völlig unzureichenden, weil unvollständigen[339] – historischen Betrachtung zu werten wäre, läge *S9* auch mit seinem Hinweis auf eine vermeintlich schweigende Gesetzesbegründung ersichtlich daneben: Allein Konstitution hat den Gerichten deren Auslegungskompetenz samt Rechtsprechungsauftrag vermittelt, nicht jedoch der einfache *G*. Bevor *G* aber mit Blick auf 48/14 an rechtsprechungsbrechende Rechtsetzung denken könnte, erscheint ein Zuwarten auf die Expertise des für die Kapitaleinkünfte originär zuständigen *S8* zur *OK*-Revision **VIII R 40/15** (verfallene Option) sachgerecht[340]. Zusammen mit den drei verwandten Angelegenheiten VIII R 13/15[341] (Forderungsausfall), VIII R 37/15 (Knock-out-Verfall) und VIII R 18/16[342] (Darlehensverzicht) hat *S8* beachtliche Aufklärungsarbeit zu leisten.

Diese Arbeit wird infolge der nicht methodengerechten Einlassungen des *S9* in 48/14 zusätzlich erschwert. Infolge der durch Präsidialentscheidung veranlassten nachträglichen Zuständigkeitsverschiebung vierer Alt-Fälle, welche im Jahre 2014 beim BFH eingelaufen waren, auf *S9*, wurde *S9* zu einer Art „Zwischeninstanz" (Ziff. 1.1). Mit Blick auf die jeweils mangelhaften Begründungen, war diese Zwischenschaltung des *S9* einer redlichen Rechtsfindung eher abträglich. Unklar bleibt auch, welchem eigentlichen Zweck diese nachträgliche Änderung der Zuständigkeit in Tatsächlichkeit dienlich sein sollte. Ging es dabei vielleicht darum, eine a priori feststehende Anschauung vermittels ergebnisgeleiteter *S9*-Rechtsprechung ins Recht zu setzen?

b) Zuwarten auf *S9* *(offene Revision IX R 39/15)*:

Eine Revision ist auch bei *S9* noch offen: Nämlich IX R 39/15 zu einem Knock-out-Produkt. Die bisherige Arbeit des *S9* zu diesem Thema, (20/14), ist ebenfalls als ungenügend einzustufen, weil sie – ebenso wie die *OK*-Sachen 50/09 und 48/14 – mit Wertungswidersprüchen (auch zur eigenen *S9*-Rechtsprechung) nur so durchsetzt ist (Ziff. 2.7). Bleibt zu hoffen, dass *S9* jedenfalls dieses Mal (IX R 39/15) eine methodisch einwandfreie Arbeit aushändigt. Richtschnur könnte *S9* jene Rechtsprechung des *S8* sein, welche eine Anknüpfung an erdachte aber nicht realisierten Sachverhalte ablehnt[343] (Ziff. 2.3.2.2.b)dd)). IX R 39/15 ist wegen der gegen 20/14 erhobenen Verfassungsbeschwerde[344] derzeit ausgesetzt und vielleicht hat ja das BVerfG die Courage, dem *S9* den ihm gebührenden Bescheid zu erteilen: So kann eine Rechtsprechung eines Spruchkörpers, die unmittelbar gegen die einschlägige Vorauslegung nämlichen Spruchkörpers

---

338 **Rz 18** a.E.: „*vgl. BFH in ... BStBl II 2013, 231, unter II.2.c*"; – zu alledem – 48/14 – eingehend: Ziff 1; zur Abstützung auf 50/09 eingehend: Ziff. 2.
339 *S9* ässt einfach weg, dass die Sache vor dem FinA verhandelt worden war, siehe Ziff. 1.
340 Vgl. a. *Anemüller/Lohkamp*, ErbStB 2016, 121, 128.
341 Mit Blick auf die Revision VIII R 13/15 zuletzt: *Mathäus*, FR 2016, 888.
342 Vorinstanz: FG Berlin-Brandenburg v. 20.1.2016, 14 K 14040/13.
343 BFH v. 14.5.2014, VIII R 37/12, unter II.1.b) bb).
344 Az. des BVerfG: 2 BvR 217/16.

vorgeht, ohne diese anderslautende Vorauslegung auch nur zu erwähnen, mit Blick auf das Gebot der Kontinuität der Rechtsprechung wohl schwerlich mit der Verfassung in Einklang gebracht werden: Etwa noch in seinem Beschluss IX B 110/09[345] hatte *S9* zu Knock-out-Geschäften ausgeführt, ob der Wertverfall des Wertpapiers auf einem bewussten Auslaufenlassen der Laufzeit oder dem Über- bzw. Unterschreiten Knock-out-Schwelle beruhe, sei ohne Bedeutung. Mit 20/14 trifft *S9* nun aber doch eine solche Unterscheidung (mit fallentscheidender Wirkung), obgleich solche Verschiedenbehandlung mit Blick auf die Verwandtschaft der in Rede stehenden Rechtsgeschäfte gerade nicht gerechtfertigt, weil nicht sachgerecht, erscheint (Ziff. 2.7.2).

Anders gewendet: Kennt *S9* seine eigene Rechtsprechung nicht? Diese Frage war bereits im Rahmen der Auswertung von 50/09 zu stellen (Ziff. 2). Während noch im Falle 50/09 dem *S9* eine bewusste Unterschlagung der eigenen ständig-anderslautenden Senatsrechtsprechung im Einzelnen nachgewiesen werden kann[346] (Ziff. 2), könnte es sich im Falle von 20/15 um ein Versehen des *S9* handeln. In jedem Falle ist dem *S9* künftig eine gründlichere, sich an der gängigen Auslegungsmethodik orientierte, Vorgehensweise bei seiner Rechtsfindung dringend abzuverlangen und mit seiner Revision IX R 39/15 erhält *S9* eine neue Chance, Auslegungsqualität ins Recht zu setzen.

c) Zweiaktiger Auslegungswandel in der Zeit:

Gegenstand dieser Betrachtung war die Auslegung zweier Normen zur Besteuerung des *OK*. Beide Vorschriften treffen – abgesehen von dem Wegfall einer bei den kurzfristig angelegten Termingeschäften ohnedies nicht relevanten einjährigen Behaltensfrist (*Alt-Norm*, Hs. 2) – dieselbe Regelung (Wortlautidentität). Die eine Norm gilt ab 2009 (*geltende Norm*), die andere Norm galt bis 2008 (*Alt-Norm*). Wenn zur Besteuerung besonderer Termingeschäfte Bestimmungsänderungen aber sowohl an der Primärrechtsquelle (*geltende Norm*, vorgehend: *Alt-Norm*) als auch an der sekundären Rechtsquelle (48/14 mit Bezug auf 50/09, vorgehend anders: 11/06) vorgenommen werden, muss die folgende Rechtsfindung besonders sorgfältig erkennen, weil beide Quellen die Auslegung beeinflussen.

Eine rechtssichere Auslegung verlangt gründliche Aufarbeitung, weil die Auslegung der *geltenden Norm* von der Exekutive nach Maßgabe der Richterauslegung zur *Alt-Norm* (11/06), welche letztlich nur die Ansicht des BMF bestätigte, vorgenommen wurde und *S9* erst deutlich später im Jahre 2012 – als die *geltende Norm* bereits drei Jahre in Kraft war – seine Auslegung zur *Alt-Norm* änderte (umkehrte: 50/09), dabei jedoch die Argumente seiner *Alt-Norm-Urteile* (11/06 und 69/07) nicht entkräftet hatte und diese Entkräftung in jüngster Entscheidung (48/14) zur *geltenden Norm* auch nicht nachgeholt hat. In die Begutachtung dieses Beurteilungswandels (Auslegungsumkehr) des *S9* spielt auch die Frage hinein, ob das normative Umfeld, nämlich das Abgeltungsteuerregime als Einheit betrachtend, ein steuerverstricktes „Finanzvermögen" geschaffen hat, was bejahendenfalls, wovon etwa die Vorinstanz zu 49/14[347] ausgeht, eine Auslegungsän-

---

345 BFH v. 13.1.2010, IX B 110/09, BFH/NV 2010, 869.
346 *Stein* (Fn. 8), 46.
347 FG Düsseldorf v. 27.6.2014, 1 K 3740/13 E, EFG 2014, 1580, nachgehend: 49/14.

derung rechtfertigen könnte. Für solch einen Paradigmenwechsel („Finanzvermögen") spricht indes – der *Verfasser* hat es geprüft – wenig. Vielmehr ist einer punktuell erweiterten Besteuerung im Sinne einer Ausweitung der Bemessungsgrundlage das Wort zu reden (Ziff. 3.2.2.2).

d) Zweiaktiger Auslegungswandel in der Sache:

Überhaupt führt eine genauere Begutachtung der Erkenntnis 50/09 zu der Einsicht, dass *S9* in 50/09 – nach der Gesamteinschätzung des *Verfassers* sogar bewusst[348] – anerkannte Auslegungsmethoden übergeht (Ziff. 2.) und dem Willen des historischen *G* entgegensteht (Ziff. 2.3). Mit seinen anderslautenden *Alt-Norm-Urteilen* (Ziff. 2.3.1) hat sich *S9* in 50/09 nicht befasst, obgleich *S9* noch fünf Monate zuvor mit 154/10 die Ansicht des BMF bestätigt hatte (Ziff. 2.3.2.1):

Derjenige, der eine Option verfallen ließ, erfüllte – dies war auch *S9* bei Abfassung der Entscheidung 50/09 infolge seiner eigenen Rechtsprechung (11/06 und 69/07) bekannt – nicht den Tatbestand der *Alt-Norm*. Es ließe sich auch nicht überzeugend vortragen, 50/09 beruhe auf Billigkeitserwägungen[349], weil hierfür kein sachlicher Grund existiert, zumal die Entscheidung 50/09 dergleichen nicht einmal anspricht. Für solche Ansprache wäre auch keine rechtliche Fundierung vorhanden; *S9* hatte in 50/09 hatte einwandfrei nicht über Billigkeitserwägungen zu befinden.

Vermögenseinbußen, die aus dem Verfall von Optionsrechten resultieren, finden folgerichtig auch nach der wortgleichen *geltenden Norm* keinen steuermindernden Ansatz, weil sie nicht im unmittelbaren Zusammenhang mit „*dem Termingeschäft*" stehen. Die Prämien können sonach nicht nach § 20 Abs. 4 Satz 5 EStG zum Abzug gelangen. *S9* hat mit 48/14 zweifelsohne die „falschen" Grundsätze auf das geltende Recht übertragen. Soweit es sich hierbei nicht um einen bewussten Rechtsfehler des S9 handelte (was schon in Ansehung der anderslautenden *Alt-Norm-Urteile 11/06* und 69/07, s. a. 154/10 nicht auszuschließen ist[350]) ist immerhin dieses festzustellen: Was es nicht mutwillig, so zumindest nachlässig. Im Einzelnen:

S9 hat seine Fehldeutung in 50/09 auch heuer (48/14) nicht erkennen können, weil *S9* es versäumte, sich im Rahmen von 48 bis 50/14 noch einmal eingehend mit seiner eigenen – verfehlten – „Auslegungstechnik" in 50/09 zu befassen. Anlass für solche Befassung hat *S9* allerdings zur Genüge gehabt, weil das BMF die Sache 50/09 gerade

---

348 Vgl. hierzu auch Ziff. 4.2: *S9* musste seiner anderslautende, einschlägige Vorauslegung (11/06 und 69/07) kennen; dies schon deshalb weil sich die Vorinstanz von 50/09 damit begründend auseinandergesetzt hatte.
349 So aber: *Johannemann/Reiter*, DStR 2015, 1489.
350 S9 hätte bei Abfassung von 48/14 im Rahmen der Vorabprüfung des überkommen Rechts auffallen müssen, dass 11/07 wie 69/07 einerseits und 50/09 andererseits sich inhaltlich widersprechen und auch im Aufbau der jeweiligen Begründung miteinander nicht kompatibel (dialogfähig) sind. *S9* hätte diesen Widerstreit zu Gunsten der einen oder anderen Auffassung auflösen müssen. Statt dessen zitiert *S9* in 48/14 beide Entscheidungen (11/06 wie 50/09) um die Auffassung von 50/09 auf Auslegung der *geltenden Norm* zu übertragen. Damit hat S9 aber zugleich dokumentiert, dass *S9* sich der Entscheidung 11/06 „bewusst" war. Gleichwohl hat *S9* auf eine Auflösung des von *S9* selbst ins Recht gesetzten Beurteilungswiderstreites verzichtet, in Ansehung der eben beschriebenen Situation wohl als „mutwillig" beurteilt werden könnte. Denn *S9* verhält sich in 48/14 so, als habe er von dem Widerstreit in seiner eigenen Rechtsprechung keine Kenntnis. Diese Kenntnis musste *S9* aber bei Abfassung der Sache 48/14 indessen haben, weil *S9* nicht glaubwürdig vortragen kann, er kenne seine eigene Rechtsprechung nicht. *S9* könnte aber auch nicht glaubwürdig vortragen, die Sachen 11/06 und 50/09 widersprächen sich in der Sache nicht, weil evident ist, dass sie einander deshalb wiedersprechen, weil beide Entscheidungen bei gleich gelagerten Sachverhalten zur *Alt-Norm* unterschiedlich ausurteilen und S9 diesen Antagonismus bis jetzt in keiner seiner *OK*-Entscheidungen begründend aufgelöst hat.

89

nicht auf neues Recht anwendete[351] und außerdem den Streitsachen 48 bis 50/14 gemäß § 122 FGO beigetreten war. Weshalb *S9* das BMF bereits für 50/09 nicht zum Beitritt aufforderte („Ausladung" des BMF), obgleich *S9* von der Ansicht des BMF abzuweichen gedachte, bleibt ebenso unerfindlich[352]. Diese auch mit 48/14 noch immer nicht aufgeklärte Einsicht des *S9* (50/09) ist zunächst einer unzulänglichen Befassung des *S9* mit dem Gang des Gesetzgebungsverfahrens (historische Auslegung) geschuldet: Die Erwägungen von 50/09 finden auf das geltende Recht keine Anwendung, weil es der rechtspolitischen Entscheidung[353] (Ziff. 4.1.1) und dem erkennbaren Willen des *G* entspricht, auch bei den Termingeschäften unter dem Abgeltungsteuerregime nicht auf erloschene (verfallene) Rechtspositionen zuzugreifen (Ziff. 4.1.1 und 1.3.4).

Infolge dieses Versäumnisses konnte *S9* sowohl mit 50/09 als auch in 48/14 nicht erkennen, dass für die *geltende Norm* eine auslegungsbedürftige planwidrige Regelungslücke nicht vorliegt. Deshalb war schon die Änderungsrechtsprechung 50/09 zur *Alt-Norm* nicht nach Maßgabe der anerkannten Auslegungsregeln zustande gekommen und 48/14 folgt diesem Irrweg, indem 48/14 sich – wie auf einen Alpenstock – auf 50/09 abstützt. Auch die Vorinstanz zu 49/14 übersieht, dass *G* auch heuer eine punktuelle Besteuerung anordnet (Ziff. 3.2.), während *S9* in 50/09 verkennt, dass er in Sachen Argumentationslast zunächst an seine Präjudizien gebunden ist und dass das ergänzende Auslegungsinstrument der Fallvariation nicht an hypothetische Sachverhalte anknüpfen soll (Ziff. 2.3.2.2).

Weil *S9* in 50/09 auf „klassische Auslegung" (Wortlaut, Historie, System) und auf die Abwägung der daraus resultierenden Auslegungsergebnisse verzichtete, konnte *S9* nicht erkennen, dass die übereinstimmenden Ergebnisse der „klassischen Auslegung" für teleologische Betrachtungen (Ziff. 2.4/2.5) bereits im überkommenen Recht keinen Raum lassen.

Dies gilt, *S9* verkennt dies in 48/14, erst recht für tatbestandserweiternde Erwägungen im geltenden Recht. Insgesamt lässt 48/14 zur Auslegung der *geltenden Norm* jene sorgfältige Vertiefung (zum auslegungsrelevanten Streitstoff und den aufschlussreichen Details der Gesetzeshistorie, Ziff. 1.3.4) vermissen, welche (a) in Ansehung eines betagten Grundsatzstreites, (b) des Verfahrensbeitritts des BMF, (c) der zahlreichen untergerichtlichen Entscheidungen sowie (d) der mannigfachen Literatureinlassungen vor allem (e) im Interesse einer Rechtsbefriedung hilf- und aufschlussreich hätte sein können.

Die ersichtlich fehlende Bereitschaft des *S9* zur vertiefenden Betrachtung betrifft auch das unterlassene Studium der „anderen Ansicht": Es fällt auf, dass 48/14 sich insoweit auf die Angabe derjenigen des BMF beschränkt, was für sich besehen zwar ausreicht. Wenn sich *S9* jedoch zwecks ergänzenden Beleges seiner Ansicht auf eine Reihe von Literaturstimmen bezieht (**Rz 18**, dritter Satz), ohne zu erwähnen, dass auf Literaturebene ebenso begründend dargetan wurde, die Ansicht des BMF sei treffend[354], mag dies

---

351 BMF v. 27.3.2013, BStBl I 2013, 403.
352 Eingehend: **Stein** (Fn. 8), 59 ff. zur „Ausladung" des BMF.
353 *Stein* (Fn. 8), 73 ff., 75 ff, 113.
354 Zu *geltenden Norm* etwa: **Hensel**, RdF 2014, 308; **Stein** (Fn. 8); zur *Alt-Norm* etwa: **Schlüter**, DStR 2000, 226, 228: *„... fehlt es bereits am notwendigen Kriterium des erlangten Vorteils", da dieser im vorliegenden Fall 0 DM beträgt bzw. eben kein Vorteil vorliegt."*; ebenso wohl auch **Heuermann**, DB 2004, 1848, 1852.

den Schluss zulassen, *S9* habe die andere Literaturansicht im Rahmen seiner Meinungsbildung nicht zur Kenntnis genommen, was den Eindruck des *Verfassers*, hinreichend sorgfältige Vertiefung habe im Rahmen der Rechtsfindung des *S9* gerade nicht stattgefunden, noch verstärkt.

In Sachen historischer Auslegung hätte ein näheres Studium der „anderen Ansicht" *S9* deshalb dienlich sein können, weil diese neben den dort eingehend entfalteten Zweifeln zur Begründungsstruktur von 50/09 die Quellen der Gesetzeshistorie des UntStRefG 2008 insoweit ausgebreitet hat, als sie die brieflichen Einlassungen des ZKA zum Gesetzentwurf anlässlich der Anhörung vor dem FinA aus der Quelle wörtlich wiedergegeben und die Quelle benannt hat[355]. Den in 48/14 dargestellten Tatbestand nebst Gründen eingehend studierend ist also festzustellen, dass *S9* bis zum 12.1.2016 (Entscheidungsdatum) offenbar nicht bekannt war, dass der ZKA die Frage der Auswirkungen des Optionsverfalls bereits im Jahre 2007 dem FinA schriftlich geschildert und dabei kritisiert hatte, die Nichterfassung verfallener Optionen widerspreche dem gesetzlichen Konzept einer lückenlosen Erfassung von Wertveränderungen bei Kapitalanlagen.

Aus 48/14 wird freilich nicht ersichtlich, ob sich *S9* darum bemüht hat, derlei Kenntnis vom Gang des Gesetzgebungsverfahrens zu erlangen. Hinweise auf diese Kritik des ZKA vor dem FinA gab es in der Literatur – etwa im Jahre 2015[356] oder im Jahre 2016[357] – genügend und auch in Großkommentaren wurde die ZKA-Kritik besprochen. So hieß es etwa im H/H/R[358] zuletzt im Jahre 2010 dazu:

„Die Entscheidung, den durch einen Verfall eintretenden Verlust stl. unbeachtet zu lassen, ist nach Einführung einer alle Wertzuwächse und Wertminderungen umfassenden Besteuerung im Rahmen des § 20 EStG nicht folgerichtig und wurde im Gesetzgebungsverfahren vom Zentralen Kreditausschuss uE zu Recht kritisiert (FinA Prot. 16/57, 240)".

Bei gründlicher – an wissenschaftlichen Grundsätzen orientierten – Arbeitsweise hätte dies *S9* auffallen können (müssen) und die Kenntnis dieser Details zur Gesetzgebungshistorie hätte *S9* zu ebendieser auslegungsentscheidenden Einsicht verholfen: *G* wusste genau, was er da tat. *G* hat bewusst eine Beschränkung auf Termingeschäfte mit Barausgleich (Differenzausgleich) vorgenommen. Der Gesetzentwurf wurde trotz der schriftlich vorgetragenen Einwände des ZKA vor dem FinA unverändert vom Parlament beschlossen und dieser erkennbare *„Plan des Gesetzgebers"* lässt – Rechtsfolge – anderslautende Teleologie nicht zu.

Es lässt sich rechtslogisch nicht nachvollziehen, weshalb *S9* einen konträren Willen des *G* behauptet (Behauptung *S9*: *G* wolle den Verfall berücksichtigt haben), obgleich beglaubigt erwiesen ist, dass ein solcher Wille des *G* nicht vorhanden war: *G* (hier zuletzt: FinA in seinen Beratungen) hat das Anliegen des ZKA zur Kenntnis genommen[359] ohne jedoch eine Änderung am Gesetzgebungsvorschlag zu veranlassen[360].

---

355 *Stein* (Fn. 8).
356 Aus dem Jahre 2015: *Stein* (Fn. 8), 73, 75 ff, 113.
357 Aus dem Jahre 2016: *Weber-Grellet* in: Schmidt, EStG, 35. Aufl. 2016, Rz. 148.
358 Aus dem Jahre 2010: *Harenberg* in: H/H/R, EStG, § 20 Anm. 531 (Lfg. 240 Februar 2010).
359 Bericht des FinA v. 24.5.2007 zum Gesetzentwurf des UntStRefG 2008, Seite 8 f., BT-Drs. 16/5491.
360 Beschlussempfehlung des FinA v 23.5.2007, Seite 17, BT-Drs. 16/5452.

Ähnliches hatte sich auch zum Besteuerungsentwurf des *SH* (§ 20 Abs. Nr. 11 EStG-E) abgespielt, denn die Verbände hatten im Gesetzgebungsverfahren mehrfach die Abzugsfähigkeit des vom *SH* geleisteten Barausgleichs gefordert[361] (Ziff. 5.2). Doch auch diese Änderungsbegehren der Verbände wurden nicht realisiert; der Gesetzentwurf ging (auch insoweit) unverändert in und durch das Parlament.

Man darf obergerichtlicher Rechtsfindung abverlangen, dass sie sämtliche maßgeblichen Aspekte erkennbar in die Interpretation des Gesetzes einbezieht und dies schließt ein, dass sich *S9* mit dem Studium seiner Vorauslegung (Ziff. 2.3.1) selbst Gehör verschafft. Allein *S9* setzte sich über diese Auslegungsgrundsätze hinweg. Noch in 50/09 hatte *S9* seine eigene von ihm damit (50/09) verworfene Gegenposition zur *Alt-Norm* (11/06 und 69/07, Ziff. 2.3.1) nicht einmal erwähnt (Ziff. 2.3.2) und in 48/14 hat *S9* sie zwar beiläufig erwähnt, aber nur so, als stammte sie aus der Zeit vor einer normativen Rechtsänderung.

Einen legislativen Wandel hat es indessen nicht gegeben (Ziff. 1.). *G* wollte in Sachen Optionsverfall das Recht fortschreiben, am Status Quo festhalten[362], was sich (a) aus der wortgleichen Übernahme des *Alt-Norm*-Wortlautes (Hs. 1), (b) dem eindeutigen Diktat des normativen Umfeldes (hier: § 20 Abs. 4 EStG) und (c) den öffentlich dokumentierten Details zum Verlauf des Gesetzgebungsverfahrens (Anhörung des ZKA vor dem FinA) erschließt. Die Auslegung beruht auf Methoden, auf man sich geeinigt hat und danach soll keine noch so abgefeimte Teleologie den eindeutigen Gesetzeswortlaut samt gleichgerichteten Willen des *G* unterlaufen (Ziff. 2.4 und 2.5). Etwa *Heuermann*[363] hatte die *Alt-Norm* so verstanden:

„*Wenn der Staat sich an Spekulationen beteiligen möchte, so auch dann, wenn sich die Hoffnungen des Stpfl. nicht erfüllen*"[364].

Eine solche staatliche Selbstverpflichtung ist der Konstitution indessen nicht zu entnehmen und vor allem ist dieser Wertung mit Blick auf den eindeutigen Wortlaut der *geltenden Norm* wie schon der *Alt-Norm* und dem diesbezüglichen Willen des *G* entgegenzutreten: Ist die Option aus dem Geld gelaufen und verfällt deshalb wertlos, so ist auch beim Steuerstaat nichts zu holen. „Verluste" des *OK* liegen nur in den tatbestandlich angeführten Ausnahmen (Veräußerung oder Glattstellung) im Plan des *G*.

Vom *OK* geleistete Prämien aus (später) verfallenen Optionen fallen nicht in „den Topf" der Steuerbarkeit und der legislative Auftrag verlangt ein fiskalzweckorientiertes Aussortieren: „Die Guten ins Töpfchen die Schlechten ins Kröpfchen" (Ziff. 2.3.1 ff). Wer sich „im Privaten" vollständig verspekuliert, hat – so ist es schon nach der treffenden Vorauslegung des *S9* (11/06 und 69/07, Ziff. 2.3.1) zur *Alt-Norm* nur folgerichtig – auch nach der *geltenden Norm* steuerlich das Nachsehen. Der wesentliche Fehlschluss des *S9* verbirgt sich nicht etwa in dessen Erkenntnis 48/14, vielmehr steckt er im Kern seiner 50/09-Argumentation:

---

361 Siehe bei: *Haisch/Kampe*, FR 2010, 311, 315.
362 *Stein* (Fn. 8), 73 ff., 75 ff, 113.
363 *Heuermann*, DB 2013, 718 re. Sp.
364 Ähnlich hat es *Heuermann* an anderer Stelle notiert: Möchte der Fiskus an der Spekulation des Termingeschäftes teilhaben, müsse er auch das Risiko eines derartigen Spieles tragen, siehe: *Heuermann*, StBp 2016, 151, 154.

Als *S9* mit 50/09 dem *G* das „Wort im Munde" umstülpte, hatte er aus dem Vorteil einen Nachteil gemacht: Ein Vorteil könne auch ein Nachteil sein und so ein (Nachteils-) Vorteil liege auch vor, wenn jemand etwas zu seinem Nachteil unterlasse, was er ohnehin nicht vorhatte zu tun. Oder um es sprachlich abgefeimt mit 50/09 zu sagen: Einen Vorteil erlange auch, wer durch Nichtausübung der wertlosen Option einen negativen Differenzausgleich vermeide. Wer diese Erzählung dem *S9* „nicht abnimmt", hat Kenntnis von den Regeln der Auslegung und vom Gang der Dinge am Markt: Ein allenfalls denkbarer Nachteil, den kein vernünftig denkender Anleger realisiert (Fiktion), ist nicht Teil des Tatbestandes (Ziff. 2.3.1.2). Die Besteuerung knüpft nur an die effektiv verwirklichten, nicht aber an hypothetische, zwar realisierbare, aber tatsächlich nicht verwirklichte Sachverhalte an[365]. Dieser Konklusion des *S9* (in 50/09) fehlt also die deduktiv gültige Argumentform, weil der wirtschaftlich denkende *OK* eine für ihn nachteilige Ausübung der Option nicht in Betracht zieht. Folglich impliziert das Verfallenlassen der wertlosen Option keinen verhinderten Nachteil. Dazu ein Beispiel, welches bereits in der Vorbemerkung auf Seite 11 angebracht ist:

Stein entnimmt seiner Geldbörse einen 20-Euro-Schein um ihn – so besinnt er sich – doch nicht aus dem Fenster zu werfen. Er steckt er die 20-Euro-Note zurück in die Geldbörse. *S9* würde sagen, *Stein* habe einen Vorteil erlangt, denn er habe durch sein (besonnenes) Verhalten, den Verlust von Barvermögen vermieden.

Mit diesem Exempel soll deutlich werden, dass ein Argument nur dann als solches auftreten kann, wenn es zu dem Umfeld passt, in welches es hineingesetzt wird: Würden die Akteure einer Gruppe von Besitzern einer mit 20-Euro-Noten gefüllten Geldbörse mehrheitlich dazu neigen, gelegentlich einzelne 20-Euro-Noten Noten zu entnehmen, um diese aus dem Fenster zu werfen und würden auch immer wieder Fälle bekannt, in denen dies tatsächlich geschieht, dann läge *S9* richtig: *Stein* hätte den Verlust von Barvermögen stets dann vermieden, wenn er sich – mal wieder – besinnt und die 20-Euro-Note zurück in die Geldbörse steckt.

Das wäre tatsächlich ein Vorteil für *Stein*, nämlich in Gestalt eines vereitelten Nachteils. Weil aber, wie jedermann weiß, die Akteure einer Gruppe von Besitzern einer mit 20-Euro-Noten gefüllten Geldbörse mehrheitlich nicht einmal daran denken, der Geldbörse einzelne Noten zu entnehmen um sie sodann aus dem Fenster zu werfen, hat *Stein* keinen Vorteil erlangt, weil ein Nachteil nämlich nicht verhindert werden kann, wenn derlei Einbuße deduktiv unwahrscheinlich ist. Wer also im Kreise der Bedachten keinem Wahnwitz frönt, zieht keinen Vorteil daraus. Bezogen auf die Gruppe der gewitzigten *OK* hat *S9* in 50/09 deren ständige Übung nicht in seine Relation einbezogen, weshalb sich die Konklusion des *S9* (Nichtausübung der wertlosen Option zur Vermeidung eines negativen Differenzausgleichs) einwandfrei als Fehlschluss herausstellt.

Die Funktionen der „Begründung" in 50/09 können sonach nicht erfüllt werden. Die Entscheidung 50/09 vermag Rechtsfrieden und -sicherheit nicht wirksam herzustellen, weil die maßgeblichen Überlegungen des *S9* nicht mitgeteilt sind, also ein Nachvollziehen der Gründe des *S9* ausgeschlossen ist und eben nicht die Überzeugung gezogen werden kann, dass 50/09 kein willkürliches oder zufälliges Ergebnis ist. Die Erkenntnis

---

[365] BFH v. 14.5.2014, VIII R 37/12, unter II.1.b) bb).

50/09 stammt aus dem Jahre 2012 und es war zu erwarten, *S9* korrigiere den Kern seiner „50/09-Einsicht" im Rahmen der Entscheidung 48/14 selbst. Denn schon der Erlass des BMF vom 27.3.2013[366] musste *S9* ein Hinweis sein, dass dessen Erkenntnis 50/09 keine Überzeugungskraft zu gewinnen vermochte. Daraus musste *S9* noch nicht schließen, 50/09 enthalte grobe Begründungsfehler, denn eingehende Hinweise darauf konnte *S9* erst der Literatur aus den Jahren 2014[367] und 2015[368] entnehmen. Beim Studium von 48/14 fällt jedenfalls auf, dass *S9* diese Kritik nicht zur Kenntnis genommen hat, denn eine andere Literaturansicht „kennt" *S9* nicht[369]. Zwar stützt sich der *S9* in 48/14 auf Literatur, allerdings nur auf solche, die dessen Einsicht (50/09) zustimmt.

Daraus konnte *S9* keine Lehre zu ziehen, denn zwecks Kontrolle der Richtigkeit seiner Erwägungen hätten *S9* vornehmlich jene Literaturbegründungen instruktiv sein können, die dessen Ansicht gerade nicht teilen. Doch selbst wenn diese kritische Literatur *S9* untergegangen sein sollte, hätte sich *S9* doch fragen müssen, aus welchem Grunde das BMF den drei Verfahren 48 bis 50/14 gemäß § 11 FGO beigetreten war. Dies hätte *S9* Anlass sein müssen, im Rahmen seiner folgenden Rechtsfindung (48/14) die Methodik seiner Alt-Sache-50/09 auf verdeckte Fehlschlüsse zu überprüfen. *S9* hat 50/09 in 48/14 jedoch gerade nicht prüfend bewertet, denn die Gründe von 48/14 enthalten keine Hinweise darauf, wonach *S9* erkannt hätte, dass Argumente vorgetragen wurden, an der „Methodik" von 50/09 zu zweifeln. Statt dessen stützt sich *S9* ohne weitere Erläuterung explizit auf 50/09 (Ziff. 2). Deren kryptische Deutung ist heuer nochmals dringend zu bedenken, weil *S9* mit einer Urteilsbegründung den Nachweis erbringen muss, dass richterliche Sachaufklärung und deren rechtliche Würdigung mit Gesetz und Recht übereinstimmen (Legitimationsfunktion der Entscheidungsgründe).

Die Deutungsfreiheit des Rechtsunterworfenen (Art. 97 GG) findet dort ihre Grenze, wo ein Bezug zum Gesetze, welcher durch Methode (nämlich: Recht im Sinne von Art. 20 Abs. 3 GG) herzustellen ist, nicht mehr sichtbar ist und so liegen die Dinge hier (50/09). Ein Nachvollziehen des Entscheidungsweges muss aber möglich sein; andernfalls nicht präjudizielle Autorität, sondern freie Entscheidung vorliegt. Davon unbeschadet erleichtert ein Vorverständnis zur Methode des *S9* eine tiefere Einsicht: Mitunter neigt *S9* dazu, die fehlende Brücke zwischen Gesetz und Sachverhalt unter Verwendung einer Sachverhaltsfiktion zu schlagen[370] und ebenso vereinzelt hat *S9* seine gegenteilige frühere Rechtsprechung nicht erwähnt[371]. Solche „Unterschlagung" praktizierte *S9* bereits in 50/09, indem *S9* seine entgegengesetzte Vorauslegung 11/06 und 69/07 nicht (also solche) erwähnt (Ziff. 2.3.1). Auf Grundlage einer Kombination dieser beiden Eigenheiten, nämlich Fiktion (Ziff. 2.3.2.2 b: verfehlte Feststellung des Sachverhaltes

---

366 BMF v. 27.3.2013, BStBl I 2013, 403.
367 *Hensel*, RdF 2014, 308.
368 *Stein* (Fn. 8).
369 Der *Verfasser* hatte – zusätzlich zur allgemeinen Veröffentlichung (ISBN 978-3-734-76822-4) – im März 2015 drei Exemplare seiner Arbeit (*Stein*, Fn. 8) dem Vorsitzenden des *S9*, Herrn Prof. Dr. *Mellinghoff*, in dessen Eigenschaft als Vorsitzender der DStjG zwecks Bewerbung um den Albert-Hensel-Preis 2015 überlassen. *Mellinghoff* hat dem *Verfasser* sowohl den Eingang der Schrift quittiert und ihm später mitgeteilt, der Preis sei anderweitig vergeben worden.
370 Zur Fiktions-Kritik etwa: *Stein*, DStZ 2011, 442.
371 Zur Kritik an dieser Vorgehensweise des *S9*, welcher in Entscheidungen seine eigenen anderslautende Rechtsprechung zur Fallgruppe nicht bzw. nicht treffend würdigt: *Stein* in: GStB 2014, 231; GStB 2009, 240.

durch logischen Fehlschluss) und argumentative Unterschlagung (der anderslautenden Fallgruppenrechtsprechung des *S9*, Ziff. 2.3.1) konnte 50/09 so zustande kommen.

Als weiterer ursächlicher Aspekt für den Fehlschluss des *S9* ist das Zusammenspiel dieser Vorgehensweise mit den vom *S9* in 50/09 angebrachten Fehlzitaten[372] zu erwähnen: Bezogen auf die legitime Übung der Berufung auf Präjudizien, besteht im Steuerrecht als Massenfallrecht Einigkeit darüber, dass nur die Entscheidungen einer Fallgruppe (d. h., die in allen wesentlichen Sachverhaltselementen identischen Fälle) in späterer Erkenntnis zur Begründung (Präjudiz) heranzuziehen sind (Ziff. 2.3.1.5). Wenn sonach die Methode einer zufälligen Einschätzung des *S9* weichen musste, wenn sich *S9* von einem als vom ihm „gerecht empfundenen" Ergebnis leiten ließ, so hat *S9* mit einem Schlage gegen sämtliche Beschränkungen verstoßen, welche ihm der Auslegungskanon auferlegt. Richterliche Freiheit ist in Wahrheit ein Gängelband: Legitimation durch Begründung heißt auch, dass der Rechtsunterworfene (Art. 97 Abs. 1 GG) den „Regeln der Auslegung" als „Recht" im Sinne des Art. 20 Abs. 3 GG folgen soll. Der gewitzigte Rechtsfinder soll Charakter haben und zur Rechtsordnung stehen. Irrtum ist lässlich, geflissentliche Täuschung nicht. Abwehret sonach den Anbrüchen (hier: „prospective overrulling" des *S9* in 50/09), denn verlässliches Bemühen um methodengerechte Auslegung muss des Rechtsunterworfenen Pflicht bleiben.

Zwar hatte sich *S9* – neben seiner Bezugnahme auf 50/09 (Ziff. 2) – mit 48/14 bemüht, eine „neue", selbständige Begründung zu erschaffen, um einen Prämienabzug unter dem Abgeltungsteuerregime mit „Rechtsgründen" zu versehen. Wegen des absenten Verständnisses des *S9* von einander nicht bedingenden Regelungsinhalten des *Alt-Norm*-Hs. 1 einerseits und des *Alt-Norm*-Hs. 2 andererseits bleibt auch dieser „neue" Begründungsteil in 48/14 ohne Überzeugungskraft (Ziff. 1). *S9* hat (auch) infolge unterlassener Befassung mit der Historie nicht erkannt, das mit dem UntStRefG 2008 bei der *geltenden Norm* lediglich die (bei den Termingeschäften zumeist bedeutungslose) Haltfrist weggefallen ist und *G* gerade keine darüber hinausgehende Rechtsänderung im Sinn hatte. Dies verkennt auch *S8*, wenn er vorträgt[373], *G* habe beabsichtigt, den Anwendungsbereich der geltenden Norm gegenüber der Alt-Norm zu erweitern. Solche Erweiterung hat *G* weder beabsichtigt, noch ist dergleichen dokumentiert[374].

Zu bemängeln ist aber auch, dass *S9* fortgesetzt „verdeckt" interpretiert, wenn er weder in 48/14 noch in 50/09 eine argumentative Ablösung von seinen Einsichten 11/06 und 69/07 aufzeigt, obgleich er sich von ihnen aber doch ablöst. Die Rechtsordnung verlangt die begründende Offenlegung eines richterlichen Auslegungswandels[375]. Der zweiaktige Auslegungswandel (50/09 und 48/14) blieb hingegen weitgehend stumm, weshalb er (Fazit) die abschließende Klärung einer virulenten Rechtsfrage nicht zu erbringen vermochte. Besonders 50/09 vereinigt Ursache (für das abermalige Klärungsbedürfnis) und Problem (fortgesetzte Rechtsunsicherheit) in sich: Ursache ist 50/09, weil die Frage seit 11/06 geklärt war und 50/09 die Lösung aus 11/06 (ohne dies zu begründen) aufgab.

---

372 Ziff. 2.3.1.5: unbehilfliche *SH*-Urteile.
373 VIII R 55/13: Rdn. 31 Satz 3.
374 VIII R 55/13: Rdn. 31 Satz 3: Fehlzitat des *S8* auf „BTDrucks 16/4841, S.55".
375 BFH v. 17.12.2007, GrS 2/04, BStBl II 2008, 608.

Problem ist 50/09, weil diese Einsicht nicht methodisch begründet und argumentativ nicht an 11/06 anknüpft.

Damit (11/06) hätte sich 48/14 sachlich beschäftigen müssen um nachzuholen, was 50/09 unterlassen hat: 48/14 nimmt zwar eine gewandelte Auslegung vor, indem sich *S9* formal von 11/06 abwendet und sich ebenso formal auf 50/09 abstützt. Es fehlen jedoch Ausführungen dazu, weshalb 50/09 – trotz der daran geübten Kritik[376] – auch heuer die treffende Auslegung sei und weshalb die Argumente von 11/06 heuer nicht mehr einschlagen. *S9* hat sich in 48/14 mit seiner Vorauslegung (11/06 wie 50/09) inhaltlich überhaupt nicht beschäftigt und bezogen auf 11/06 hat *S9* nicht erklärt, welchen Umstand, welche Erwägung dem *Alt-Norm*-Wortlaut (hier: Hs. 1), wie er sich in der *geltenden Norm* 1:1 wiederfindet, dessen Eindeutigkeit (so explizit: 11/06) genommen haben könnte.

e) Auslegungswandel und Gegenprobe im System:

Die Frage nach der Einhaltung der dem *S9* vorgegebenen Auslegungsregeln muss am Maßstab nämlicher Regeln begutachtet werden. Damit hängt die Beantwortung der Frage, ob 48/14 zu folgen ist, einmal mehr maßgeblich davon ab, ob der der Entscheidung 50/09 zu Grunde liegende Gedanke auch im geltenden Recht trägt. Mit Blick auf die Wortlautidentität von *Alt-Norm*(-Hs. 1) und geltender Norm haben weite Teile der Literatur dies schon vor dem Ergehen von 48/14 mehrheitlich bejaht[377]. Doch abgesehen von einer Ausnahme[378] hat soweit ersichtlich keiner[379] der Literaten eingehend untersucht, ob *S9* seinen Gedanken von 50/09 unter Zuhilfenahme zulässiger Auslegungsinstrumente entwickelt hat.

Solche Analyse ist gleichwohl dringlich, weil erst eine vollständige Durchdringung von 50/09 Auskunft zur deren Zulässigkeit im Sinne statthafter Auslegung geben kann. Der *Verfasser* hat seine Untersuchung zu 50/09 aus dem Februar 2015[380] unter dem Eindruck vom 48/14 und 20/14 heuer (Februar 2017) noch einmal eingehend bedacht und er bleibt dabei: Der Gedanke von 50/09 kann im geltenden Recht nicht tragen, weil dieser infolge seines Logikbruchs keine präjudizielle Autorität erlangte, mithin schon zu ausgelaufenem Recht nicht zu tragen vermochte. Sofern also 50/09 überhaupt verständlich werden könnte, dann nur so, dass *S9* damit eine rechtspolitische Erwägung dergestalt äußern wollte, *G* stehe es nach der Einschätzung des *S9* nicht frei, eine Gewinnfallbesteuerung in Rechts zu setzen[381], womit zugleich einem verfassungsrechtlich unzulässigen Übergriff des *S9* in die Kompetenzen des demokratisch legitimierten *G* das Wort zu reden ist: Das Recht gilt, weil es gesetzt ist und es ist – auch von *S9* – zu befolgen.

---

376 *Stein* (Fn. 8).
377 Einige Nachweise in Fn. 98.
378 *Stein* (Fn. 8).
379 Ansätze finden sich jedoch bei *Moritz/Strohm*, DB 2013, 603; *Meinert/Helios*, DStR 2013, 508, 510; *Heuermann*, DB 2013, 718, 719.
380 *Stein* (Fn. 8).
381 Ähnlich *Ratschow*, BFH/PR 2016, 140, 141 li. Sp. [Ziff. 1.c)]: Der „*tragende Gedanke*" ... eine ... „*eher rechtspolitische Überlegung*", wobei Ratschow allerdings (ohne weitere Begründung) annimmt, der Senat habe diese Überlegung durch Auslegung abgesichert.

Diese Kritik an 50/09 geht mit der für alle Einkunftsarten geltenden Rechtserkenntnis einher, wonach der steuerwirksame Abzug „vergeblicher Aufwendungen" einen konkret ersichtlichen Bezug zur Einkunftssphäre bedingt. Ein solcher Bezug kann jedoch nicht rechtssicher hergestellt werden, wenn wie im Falle des *OK* ein Ertrag aus dessen Spekulation und damit die Steuerbarkeit des Optionskaufes (zum Zeitpunkt des Vertragsschlusses) höchst unsicher ist (Ziff. 4.2).

Des Bundesrichters größter Kontrahent ist dessen Folgerichter. Am Ende stellt sich einmal mehr die Frage nach dem eigentlichen Grund der präsidialen Zuständigkeitsverschiebung (Ziff. 1.1): Wenn es der zuständige *S8* ist, der die Fragen zur Kapitalbesteuerung unter dem Abgeltungsteuerregime klären soll (gesetzlicher Richter), weshalb hatte das Präsidium des BFH einige ausgewählte Verfahren, etwa 20/14, 48/14, 49/14 und 50/14 zum Jahreswechsel 2014/2015 von *S8* abgezogen und dem *S9* zugeordnet? Abgeklärt war die Präsidiumsentscheidung zur nachträglichen Begründung einer sachlichen Doppelzuständigkeit beileibe nicht, weil bei solch sachlicher Doppelzuständigkeit (hier: Wortlautidentität von *Alt-Norm* und geltender Norm) die Denkleistung der Rechtsfindung zu hiesiger Rechtsfrage von zwei Senaten erbracht werden muss und nicht ausgeschlossen werden kann, dass beide Spruchkörper nicht zur gleichen Erkenntnis gelangen[382]. Dass schon bald der *S8* mit jener Rechtsfrage, die *S9* (erst) in 50/09 wiederbelebt hatte, befasst wäre (siehe nun: **VIII R 40/15**), hatte der *Verfasser* bereits im Februar 2015 gesehen[383]. Einer befriedenden Rechtsfindung war die nachträgliche Zuständigkeitsverschiebung auf *S9* sonach nicht zuträglich, weil 48 bis 50/14 die gebotene Gründlichkeit (insbesondere: fehlende Aufarbeitung der Gesetzgebungshistorie) vermissen lassen. Die Inhaltsanalyse, der Versuch einer rechtslogischen Rekonstruktion der *S9*-Urteile 20/14 und 48/14, (wie 49/14 und 50/14) wirft letztlich mehr Fragen auf, als diese vier Urteile beantworten.

Aus einsichtigen Erwägungen – zu greifbar ist der Normwortlaut, zu deutlich tritt der gleichgerichtete Wille des *G* hervor – ist ein Anschluss des *S8* an die Wertung des *S9* (48/14) als eher unwahrscheinliche Variante zu beurteilen. Eher denkbar wäre, dass *S8* (sollte *S9* nach Anfrage von *S8* festhalten), die Sache zwecks obergerichtlicher Einheitsauslegung dem Großen Senat des BFH oder gar dem BVerfG vorlegt. Ob das Gesetz auf dem Boden der Verfassung steht, ist eine Frage (Normkontrolle), die zu stellen zulässig ist, weil wegen des eindeutigen Wortlauts der *geltenden Norm* und dem hierzu deutlich hervortretenden Willen des *G* nur die eine Möglichkeit der Normauslegung (Verfall bleibt unberücksichtigt) in Betracht kommt (Ziff. 2.4).

Die *geltende Norm* würde eine eingehende Normkontrolle wohl mit Bravour bestehen, weil eine normativ unterschiedliche Erfassung von Wertsteigerungen im Vermögen die folgerichtige Konsequenz aus dem historisch gewachsenen Dualismus der Einkunftsarten (Ziff. 3.1.) ist und innerhalb des Gestaltungsspielraums liegt, der dem *G* bei der Erschließung von Steuerquellen zukommt[384]. Sonderlich wahrscheinlich ist eine Vorlage an das BVerfG jedenfalls nicht, denn ob das auch von 48/14 bemühte objektive Nettoprinzip Verfassungsrang hat, ist nicht erwiesen, weshalb das „*weite Ermessen*

---

[382] *Stein* (Fn. 8), 102.
[383] *Stein* (Fn. 8), 115.
[384] BVerfG v. 7.7.2010, 2 BvL 14/02 ..., BStBl II 2011, 76.

des Gesetzgebers" Platz greift. Folgerichtig ist das Ermessen des *G*, die an bloßen Rechtsverfall gebundenen Aufwendungen, denen kein eigenes Rechtsgeschäft (Verwertungsgeschäft) zu Grunde liegt, im Rahmen des § 20 EStG steuerlich nicht gesondert zu begünstigen, allemal (Ziff. *3.2.4*). So hat *G* auch den bloßen Forderungsausfall – folgerichtig – nicht als einkünftemindernd begünstigt.

Damit stehen die bei *S8* anhängigen Revisionen VIII R 40/15[385] (verfallende Option), VIII R 37/15[386] und VIII R 1/17[387] (Vermögenseinbuße aus Knock-out-Produkt) und VIII R 13/15[388] (Forderungsausfall) in einem gemeinsamen Deutungszusammenhang. Vornehmlich die Entscheidung zur Revision VIII R 13/15 könnte Indizwirkung für die steuerliche Behandlung sämtlicher Vermögenseinbußen aus privatem Vermögen unter dem Abgeltungsteuerregime erlangen. Bei diesen fünf Revisionen wird es auch um die Frage gehen, ob es im Bereich der Kapitaleinkünfte (auch) ab 2009 (noch) eine steuerlich unbeachtliche Vermögensebene gibt. Nach hier vertretener Ansicht ist diese Frage zu bejahen (Ziff. 3), weil *G* infolge seiner Festhaltung am tradierten Dualismus der Einkunftsarten (auch) mit dem hier in Rede stehenden Tatbestand der *geltenden Norm* wie schon mit demjenigen der *Alt-Norm* nur eine (weitere) „Insel" (Ziff. 3.2: punktuelle Besteuerung) in das „Meer" des privaten (außerbetrieblichen) Kapitals gesetzt hatte. Wer indessen eine private Vermögensebene (das „Meer") nicht (mehr) sieht[389], überdehnt die materielle Bedeutung einer – in einer Schedule organisch zusammengefassten – Ausweitung der Bemessungsgrundlage. Der Dualismus aber bleibt und was der von *G* gesetzte Tatbestand (die „Insel" im „Meer") nicht sagt, das diktiert er (nun einmal) nicht.

f) **Folgerichtige Gesamtbesteuerung der Kontrahenten:**

Was der einzelne Tatbestand besagt und was er nicht offenbart, geht oft mit dem einher, was *G* „sich noch so denkt", aber nicht explizit in den Normwortlaut gegossen hat (systematische Erwägungen). Wer genau hinsieht, wird erkennen, dass eine andere Besteuerung der Kontrahenten (des *OK* und *SH*) für den Fiskus keinen Sinn ergäbe. Nur wenn der Fiskus dem *OK* etwa dessen Verfall und dem *SH* etwa dessen Barausgleich als nicht steuerbar aussortiert[390], hat er „per Saldo etwas eingenommen". Denn beide Tatbestände, derjenige des *SH* (§ 20 Abs. 1 Nr. 11 EStG) und der des *OK* (*geltende Norm*), sind Fiskalzwecknormen. Beide „Spieler", der *OK* und der *SH*, schaffen gemeinsam keinerlei Mehrwert, weil sie – in den meisten Fällen – lediglich Geld hin- und herschieben. Will der Fiskus an derlei „Wettgeschäften" im Wege der Erhebung

---

385 Vorinstanz: Niedersächsisches FG v. 28.10.2015, 3 K 420/14, EFG 2016, 190. (Rev.: VIII R 40/15).
386 Vorinstanz: FG Düsseldorf v. 6.10.2015, 9 K 4203/13 E, EFG 2015, 2173 (Rev.: VIII R 37/15).
387 Vorinstanz: FG Köln v. 26.10.2016, 7 K 3387/13 (Rev.: VIII R 1/17).
388 Vorinstanz: FG Düsseldorf v. 11.3.2015, 7 K 3661/14 E, BB 2015, 1639 (Rev.: VIII R 13/15); dazu zuletzt: *Mathäus*, FR 2016, 888.
389 So etwa, statt zahlreicher Weiterer, im Zitat: *Dittes*, BB 2016, 867: *... dass der Gesetzgeber grundsätzlich jeden Vermögenszuwachs der Besteuerung unterwerfen möchte. Wenn alle Gewinne besteuert werden, müssen zwangsläufig auch die Verluste anerkannt werden"*; *Weber-Grellet* in: Schmidt, EStG, 35. Aufl. 2016, Rz. 148: *„Wertveränderungen, die mit Kapitalanlagen in Zusammenhang stehen, lückenlos zu berücksichtigen"*; *Aigner/Balbinot*, DStR 2015, 198: *„Unterscheidung zwischen Ertrags- und Vermögensebene aufgegeben"*; dies entspricht – weit überwiegend – bereits der frühen Meinung, hier etwa: *Hahne*, BB 2008, 1101, 1102: *„Eine einkommensteuerrechtlich unbeachtliche Vermögensebene soll es nach Einführung der Abgeltungsteuer im Bereich des Kapitalvermögens ja gerade nicht mehr geben."*; *Jachmann*, in: juris-PR-SteuerR 25/2008 Anm. 3: *„Eine einkommensteuerlich unbeachtliche Vermögensebene soll es ab 2009 im Bereich des Kapitalvermögens nicht mehr geben"*; *Mathäus*, FR 2016, 888, 890.
390 Treffend: FG Hamburg v 10.6.2016, 5 K 185/13, EFG 2016, 1432.

einer Steuer vom Ertrage teilhaben, so muss er beiden „Spielern" (Kontrahenten: *OK* und *SH*) bestimmte Aufwendungen nicht zum Abzug zulassen (und damit einen Besteuerungsertrag erschaffen).

Würde *G* dem *OK* dessen Verfallskosten und dem *SH* dessen Bausgleich zum Abzug zulassen, so hätte er deren Geschäfte zwar erfasst und die Banken, die Finanzämter, die Steuerpflichtigen wie die Steuerberater hinlänglich beschäftigt. Allein per Saldo wäre dies dem Fiskus ein Nullsummenspiel: Denn wer nur Vermögensübertragungen notiert, hat noch keine Steuer „vom Ertrag" eingenommen. Es ist evident, dass eine „Vollabzugsbesteuerung" wie sie *S9* beim *OK* in 50/09 und in 48/14 vorschwebt – und wie sie, wäre dies treffend, dann gleichheitsrechtlich notwendig auch beim *SH* (Abzug des Barausgleichs[391] (siehe unten g und Ziff. 5) zu exekutieren wäre – wegen des Ausbleibens eines Fiskus-Ertrages keine taugliche Besteuerung „vom Ertrag" darstellte.

Die Verfassungsfrage nach folgerichtiger Besteuerung ergibt nur auf dieser Ebene einen tieferen Sinn. Wenn *G* a priori weiß, dass nach der Art wie gehandelt wird und wie die Wetten gewöhnlich ausgehen, erfahrungsgemäß ein gewisser Prozentsatz an Optionen verfällt (Totalausfall beim *OK*) und ein gewisser Prozentsatz mit einem *SH*-Barausgleich abgeschlossen wird (Ausfall beim *SH*), so muss *G* folgerichtig die Tatbestände genauso gestalten, wie man sie heuer im Gesetze nachlesen kann.

Sind danach die Kontrahenten mit ihrem steuerlich nicht abzugsfähigen Ausfällen in etwa gleichmäßig belastet, dürfte dem Folgerichtigkeitsgebot entsprochen sein. Entscheidend ist – um den Duktus des BVerfG einzuweben – stets die „Sachgesetzlichkeit", hier also diejenige eines besonderen Marktes (an dem der fleißige Gemeine ohnedies keine Teilhabe hat): *G* steht es im Rahmen seines weiten Ermessens frei, hochspekulative Termingeschäfte anders zu behandeln, als sonstige Tätigkeiten, denen kein vergleichbares spekulatives Element innewohnt[392].

G war bereits im Jahre 1999 mit der Schaffung der *Alt-Norm* und der diesbezüglichen Verlustverrechnungsbeschränkung darauf bedacht, eine weitere Steuerquelle im Privatvermögen zu erschließen. Termingeschäfte die auf einen Differenzausgleich (Barausgleich) in bar gerichtet waren, bewegten sich bis dahin gänzlich, mithin einschließlich der Verluste, in der nichtsteuerbaren Vermögenssphäre. Die weitere Abschichtung, dass ein bloßer Wertlosverfall nicht zu einem Verlust aus dem Einzelgeschäft führt, ergibt sich aus dem Normwortlaut und realisierte im Ergebnis eine lenkungspolitisch motivierte Sonderbesteuerung (Gewinnsteuer) zum Zwecke der Eindämmung risikoreicher Geschäfte. Diese *Alt-Norm* führt die *geltende Norm* (seit 2009) nur fort und der kryptomere Beitrag den der (allewege begüterte) *OK* nach der *geltenden Norm* mit seinen steuerlich nicht zum Abzug gelangenden Ausfällen bei Verfall zu leisten hat, entspricht dem gut erkennbaren (siehe: Wortlaut und Historie) Willen des *G* (Wahrung des Status quo).

---

[391] Dies zu Recht ablehnend: FG Hamburg v 10.6.2016, 5 K 185/13, EFG 2016, 1432; BMF v. 18.1.2016, BStBl I 2016, 85, Rz. 26, 34.
[392] BFH v 28.4.2016, IV R 20/13, BStBl II 2016, 739 (Rn. 28).

g) **Barausgleich des *SH*:**

Ergänzender Erkenntnisgewinn zur Besteuerung des *OK* und dabei insbesondere der treffenden Einordnung dessen verfallener Optionen ergibt sich nicht aus der Rechtsprechung des *S8* zum Barausgleich des *SH* im geltenden Recht: Mit VIII R 55/13 – Fehlentscheidung – verkehrt *S8* den erklärten Willen des *G* ins Gegenteil, denn *G* wollte den *SH*-Barausgleich in § 20 Abs. 1 Nr. 11 EStG unberücksichtigt lassen und eine Subsumtion des *SH*-Barausgleiches unter die *geltende Norm* (so aber *S8*) erschließt sich nicht, weil die *geltende Norm* auf den *OK*, nicht auf den *SH*, zugeschnitten ist. Gleiches gilt bereits für die *Alt-Norm*, so dass *S8* (aus diesem Grunde wie aus weiteren Erwägungen) auch mit seiner diesbezüglichen Änderungsrechtsprechung durchweg nicht folgerichtig argumentiert (eingehende Kritik zu VIII R 55/13: Ziff. 5).

h) **Schluss:**

S9 hat sich in 48/14 nicht nur einer „Auslegungstechnik" bedient, die einer Nachprüfung nicht standhält. Hinzu kommt „richterliche Bequemlichkeit". *S9* hat mit 48/14 den Fortsetzungswillen des *G* im Jahre 2007 nicht erkannt, weil sich *S9* (a) unzulässiger Auslegungsmethoden bediente und es (b) verabsäumt hat, sich mit der Historie der Normsetzung (Vorgänge im Jahre 2007) näher zu befassen.

Zuvörderst jedoch (c) war die Selbsttäuschung des *S9* (48/14) dadurch veranlasst, dass *S9* es unterlassen hat, seine Vorauslegung 50/09, auf die er sich in 48/14 stützt, noch einmal auf Brüche in der Beweisführung zu kontrollieren. Anlass zu solcher Nachkontrolle hatte *S9* zur Genüge, denn die grundlegende Kritik des *Verfassers* an 50/09 lag dem *S9* bereits Februar 2015[393] vor.

Heute (Februar 2017) nach dem Ergehen von 48/14 (Anfang 2016) setzt der Verfasser die Kritik an der unzulässigen Vorgehensweise des *S9* notwendig fort: Bis zum Jahr 2012 (Ergehen von 50/09) – sonach auch im Jahre 2007 – war es in Ansehung des eindeutigen Normwortlautes (*Alt-Norm*) einhellige Auffassung von Verwaltung und BFH (*S9* etwa in: 11/06), dass der Verfall von Optionen (nach der *Alt-Norm*) einkommensteuerrechtlich nicht von Bedeutung ist.

Im Jahre 2007 führte *G* die Abgeltungsteuer mit Wirkung ab 2009 ein, ohne den Normwortlaut – mit Ausnahme des Wegfalls der Haltefrist – zu verändern (*geltende Norm*). *G* nahm die Kritik am Festhalten des Status Quo (ZKA vor FinA) nicht auf und beließ alles beim alten. *S9* stand es nicht zu, im Wege der „Auslegung" (48/14) einem nach Sinn und Wortlaut eindeutigen Gesetz (*geltende Norm*) einen entgegengesetzten Sinn beizulegen[394] (unzulässiger Übergriff in die Kompetenzen des demokratisch legitimierten *G*).

---

393 *Stein* (Fn. 8): Der *Verfasser* hatte – zusätzlich zur allgemeinen Veröffentlichung (ISBN 978-3-734-76822-4) – im März 2015 drei Exemplare seiner Arbeit (*Stein*, Fn. 8) dem Vorsitzenden des *S9*, Herrn Prof. Dr. *Mellinghoff*, in dessen Eigenschaft als Vorsitzender der DStjG zwecks Bewerbung um den Albert-Hensel-Preis 2015 überlassen. *Mellinghoff* hat dem Verfasser der Eingang dieser Schrift persönlich schriftlich betätigt und etwas später ebenso schriftlich bestätigt, dass ein anderer Bewerber den Preis erhalten habe (*Hinweis*: Prof. Dr. *Mellinghoff* ist neben dem Vorsitz des *S9* auch Präsident des Gerichts und Vorsitzender der DStjG (Stand: Februar/2017)).

394 BVerfG v. 27.1.2015, 1 BvR 471/10, 1 BvR 1181/10 (Rdn. 32).

50/09 und 48/14 sind willkürverhaftete Sonderheiten, weil deren methodische Ergründung nicht möglich ist, so dass (aus Sicht des *G*) rechtsprechungsbrechende Rechtsetzung nahe läge.

Zunächst jedoch bleibt abzuwarten, ob und in welchem Maße *S8* die auch hier erneut an der Rechtsprechung des *S9* geübte Kritik in seiner bald fälligen Revisionsentscheidung **VIII R 40/15** berücksichtigt.